EL GRAN LIBRO DE LA ASTRONOMÍA

AGRADECIMIENTOS

Con la colaboración de Kirsteen Rogers y Karen Webb

Procedencia de las fotografías:

Stuart Atkinson (78,79); Luke Dodd (59); ESA (14-15); ESA/PLI (22-23); Calvin J. Hamilton (33); Jerry Lodriguss (4); NASA (6, 9, 11, 14, 20, 20-21, 24, 24-25, 27, 28, 29, 30, 31, 33, 34, 34-35, 37, 42, 43, 46-47, 50, 51, 52, 53, 81); NASA/ESA (55); NASA Landsat Pathfinder Humid Tropical Forest Project (22); NOAA (23-superior); Pekka Parviainen (15); Royal Observatory, Edimburgo (1, 2-3); Rev. Ronald Royer (16-17); Robin Scagell (19); Tom Van Sant/Geosphere Project, Santa Mónica (23-centro izquierda); Frank Zullo (45).

EL GRAN LIBRO DE LA ASTRONOMÍA

Lisa Miles y Alastair Smith

Redacción: Judy Tatchell

Diseño: Laura Fearn, Karen Tomlins y Ruth Russell

Diseño de la cubierta: Stephen Wright

Ilustraciones: Gary Bines y Peter Bull

Asesores: Stuart Atkinson y Cheryl Power
con la colaboración de Alex Dantart Usón

Traducción: Carmen Mayá

SCHOLASTIC INC.

New York Toronto London [illegible]
Mexico City New Delhi Hong Kong [illegible]

ÍNDICE DE MATERIAS

EL UNIVERSO

Estrellas entre nubes de gas y polvo interestelar

EL UNIVERSO

Denominamos universo al conjunto de todo lo que existe en el espacio. El universo es tan grande que resulta difícil imaginar su tamaño. Está formado por millones de estrellas, planetas y enormes nubes de gas, separados por inmensos espacios vacíos.

Años luz

Las distancias en el espacio son enormes, y generalmente se calculan en "años luz". Un año luz es la distancia que recorre la luz en un año, aproximadamente 9,46 billones de kilómetros. La luz viaja a una velocidad de 300.000 km por segundo.

Galaxias

Las galaxias son agrupaciones enormes de estrellas. Son tan grandes que la luz tarda miles de años en atravesarlas. La Tierra se encuentra en la Vía Láctea, una galaxia que mide 100.000 años luz de diámetro. Las distancias intergalácticas son mucho mayores.

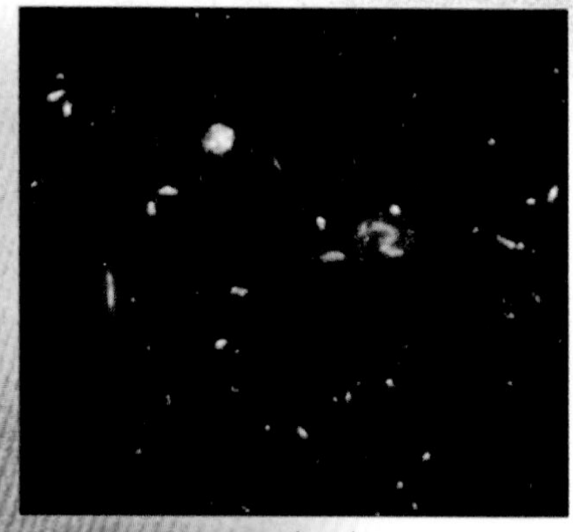

Las pequeñas manchas borrosas son algunas de las galaxias más lejanas que se han logrado fotografiar.

El Sol, la estrella más cercana a la Tierra, visto de cerca.

¿Qué tamaño tiene?

No se sabe el tamaño exacto del universo. Contiene millones y millones de galaxias y los astrónomos van descubriendo más a medida que se construyen telescopios más potentes. Se han descubierto galaxias a distancias de hasta 15.000 millones de años luz.

El planeta Tierra

La Tierra es uno de los nueve planetas que giran (o están en órbita) alrededor del Sol. El Sol y todo lo que está en órbita a su alrededor se denomina sistema solar.

El objeto natural más cercano a la Tierra es la Luna, que está en órbita alrededor de la Tierra. Un rayo de luz tarda 1,5 segundos en viajar de la Luna a la Tierra.

Si observas el cielo de noche estarás contemplando millones y millones de estrellas.

Estrellas en el espacio

En cada galaxia existen millones y millones de estrellas. Una estrella es una bola de gas caliente que produce luz y calor mediante reacciones nucleares en su interior. Las estrellas pueden tener distintos tamaños y luminosidad.

Las estrellas más próximas

La estrella más cercana a la Tierra es el Sol, que se encuentra a unos 150 millones de kilómetros. Un rayo de luz tarda ocho minutos en viajar del Sol a la Tierra.

La segunda estrella más cercana a la Tierra es Proxima Centauri, a unos 4,25 años luz o, lo que es lo mismo, a unos 40 billones de kilómetros de distancia.

LA HISTORIA DEL UNIVERSO

No se sabe exactamente cómo se creó el universo, aunque la mayoría de los científicos opinan que todo empezó con una gran explosión. Esta idea se denomina teoría del Big Bang.

La bola de fuego se extiende y comienza la expansión del universo.

La teoría del Big Bang

Según esta teoría, el universo empezó con algo semejante a una tremenda y violenta explosión, conocida con el nombre de Big Bang.

Los científicos suponen que tal explosión ocurrió hace más de 15.000 millones de años, y que antes de que sucediera no existía nada. Incluso el tiempo comenzó con el Big Bang.

Tras el Big Bang

El Big Bang creó una gran bola de fuego que, con el tiempo, se enfrió y originó unas partículas diminutas, llamadas materia. Todo lo que existe en nuestro universo está hecho con estas partículas. La bola de fuego también empezó a extenderse y así comenzó la expansión del universo.

Un universo oscuro

Con el tiempo, la bola de fuego se enfrió, creando espesas nubes de gases que se unieron, formando densas acumulaciones. Como el universo era tan denso, la luz apenas podía avanzar. Reinaba la oscuridad.

Espesas nubes de gases se unen y forman acumulaciones de materia densa.

Formación de galaxias

La temperatura del universo siguió bajando, aunque continuaba siendo muy elevada. Tras muchos miles de años, la temperatura bajó a unos pocos miles de grados. La niebla se disipó permitiendo que la luz viajara más lejos. Las galaxias se formaron a partir de acumulaciones densas de materia.

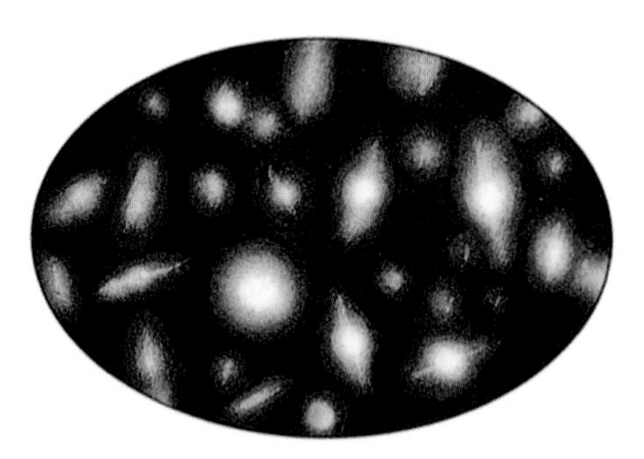

Se empiezan a formar las estrellas y galaxias. El universo se despeja.

El sistema solar

El Sol, la Tierra y los demás planetas se formaron, cerca del límite de la Vía Láctea, unos 10.000 millones de años después del Big Bang. Incluso en la actualidad hay partes del universo que aún se están formando.

El sistema solar se forma casi 10.000 millones de años después del Big Bang.

Datos a favor...

Uno de los motivos por los que los científicos piensan que la teoría del Big Bang es correcta es la existencia de una señal muy débil, parecida a un eco, detectada en el espacio con la ayuda de potentes radiotelescopios. Es posible que este eco provenga de la energía de la bola de fuego que se extendió en el espacio tras el Big Bang.

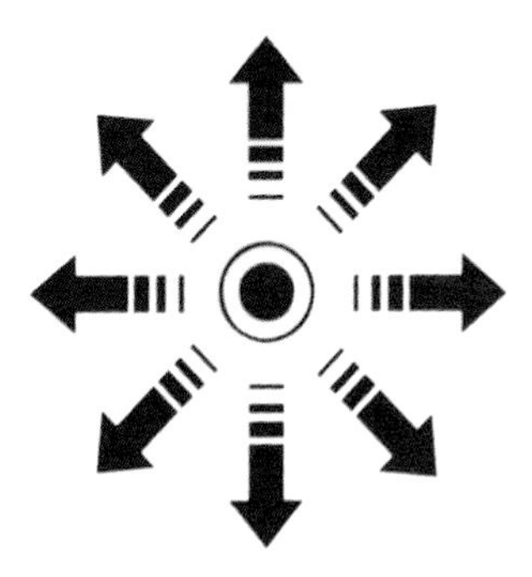

La energía procedente de la explosión del Big Bang se extiende en el espacio y provoca un eco.

... y en contra

Sin embargo, hay un problema. Los astrónomos han calculado que si el universo contiene sólo la materia que hasta ahora conocemos, ésta se habría expandido demasiado pronto tras el Big Bang para dar tiempo a la formación de galaxias.

Si la teoría del Big Bang fuese cierta, el universo debería tener mucha más materia de la que conocemos en la actualidad. Para poder dar cuenta de toda la "materia perdida" que debería existir, se tendría que descubrir mucha más de la que se ha detectado hasta ahora.

Es posible que sólo conozcamos un 10% del universo, el resto aún está por descubrir.

¿Qué le sucederá al universo?

Los astrónomos barajan varias teorías sobre lo que le puede ocurrir al universo en el futuro. Éstas son tres de ellas:

Teoría del universo en continua expansión

Si no existiera mucha más materia de la que conocemos hasta el momento en el espacio, la expansión del universo podría continuar eternamente.

En un universo que continuara en expansión, todo acabaría por desaparecer. Las estrellas más viejas morirían y dejarían de nacer otras nuevas en las galaxias, hasta que al fín, el universo sólo sería una neblina de partículas frías.

Si la expansión continuara, el universo llegaría a desaparecer.

Teoría del Big Crunch

Si existiera más materia de la que conocemos, una fuerza de atracción denominada gravedad podría llegar a frenar la expansión del universo. Lo atraería todo hacia sí, hasta que las galaxias chocasen unas con otras, causando un Big Crunch, algo parecido al Big Bang, pero al revés.

Las galaxias podrían chocar y provocar un Big Crunch

Teoría del universo oscilante

Otros científicos creen que el universo funciona como el corazón al latir: se expande y se encoge, se expande otra vez y se vuelve a encoger. De ser así, al Big Bang le seguiría un Big Crunch, volviéndose a repetir el ciclo una y otra vez.

Big Bang

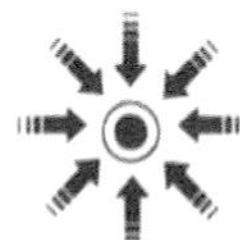

Big Crunch

Big Bang

Detectives del espacio

Todavía no existe suficiente información para saber cómo funciona el universo. Los astrónomos son los investigadores del espacio, y utilizan aparatos potentes, como el radiotelescopio de la fotografía, para descifrar los misterios del universo.

Gigantesco plato reflector del radiotelescopio de Arecibo (Puerto Rico).

OBJETIVO: EL ESPACIO

Son muchos los instrumentos y las técnicas que sirven de ayuda a los astrónomos para llegar a conocer mejor el universo. Ésta es una pequeña muestra.

Telescopios ópticos

Los telescopios ópticos utilizan luz para agrandar la imagen de los objetos muy lejanos. Para que los astrónomos puedan estudiar los confines del espacio, necesitan potentes telescopios ópticos. Suelen encontrarse en lo alto de las montañas, por encima de la contaminación y la neblina de la atmósfera terrestre.

Radiotelescopio

Radiotelescopios

Los radiotelescopios tienen enormes platos, o antenas, para recoger las débiles señales que emiten algunos objetos celestes. Así los astrónomos consiguen detectar los cuerpos que, por ser demasiado oscuros o estar demasiado lejos, no pueden ser observados ni con los más potentes telescopios ópticos.

El radiotelescopio de mayor tamaño del mundo es el de Arecibo, en Puerto Rico (ver página 9). Tiene 305 m de diámetro y está situado en un valle natural. El dibujo inferior muestra parte del radiotelescopio Very Large Array en Nuevo México, Estados Unidos.

Telescopios en el espacio

Los telescopios espaciales permiten ver mucho más lejos que los situados en la Tierra porque no tienen que traspasar la atmósfera terrestre. Hasta la fecha, el mayor telescopio en el espacio es el telescopio espacial Hubble, un telescopio óptico lanzado por la NASA* en 1990.

Estaciones espaciales

Las estaciones espaciales son bases en órbita alrededor de la Tierra. Los científicos y astronautas a bordo hacen experimentos e investigan las reacciones del cuerpo humano en el espacio. Skylab y Mir son las mayores estaciones espaciales construidas hasta el momento, y también se utilizan para observar las estrellas y los planetas.

Sondas espaciales

Las sondas espaciales sin tripulación se lanzan para estudiar los confines del espacio y transmitir los resultados a la Tierra. Muchas de ellas llevan consigo cámaras que toman fotografías detalladas de mundos lejanos y las envían a la Tierra para que los astrónomos las estudien.

En 1996 la sonda espacial Pioneer 10 fue el primer objeto construido por el hombre que salió del sistema solar. En la actualidad está a 10.280 millones de km de distancia de la Tierra.

Parte del radiotelescopio Very Large Array. Está formado por 27 antenas colocadas en forma de "Y". Cada antena mide 25 m de diámetro.

** Administración Nacional de Aeronáutica y el Espacio de los EE.UU.*

EL SISTEMA SOLAR

SISTEMA SOLAR

El sistema solar esta formado por el Sol y todos los cuerpos celestes que giran a su alrededor, desde planetas y lunas, hasta pedazos de rocas y gran cantidad de polvo.

El Sol

El Sol es una estrella, o lo que es lo mismo, una inmensa bola de gases en explosión. Cualquier objeto en un radio de unos 6.000 millones de kilómetros, está sometido a su fuerza de atracción, la gravedad, y queda atrapado en órbita a su alrededor.

El Sol es más grande que todos los cuerpos celestes del sistema solar juntos.

Los planetas

Los objetos celestes de mayor tamaño que giran en torno al Sol son los planetas. Se conocen nueve, aunque es posible que existan más. Los planetas viajan alrededor del Sol en trayectorias casi circulares, denominadas órbitas. Mercurio, Venus, la Tierra y Marte son los cuatro planetas más cercanos al Sol. Se les llama planetas interiores y son pequeños, compactos y de superficie rocosa.

Los planetas en órbita alrededor del Sol.

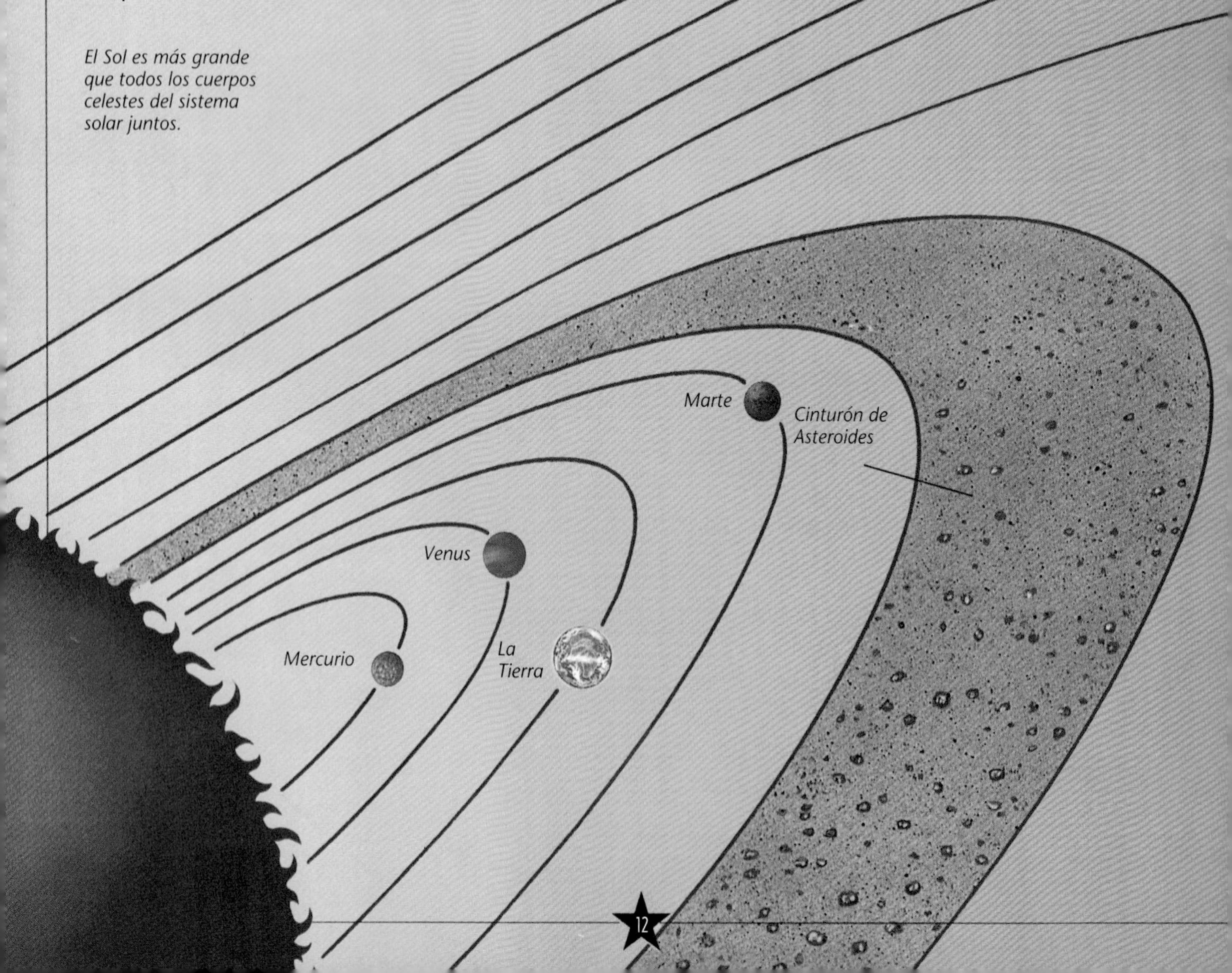

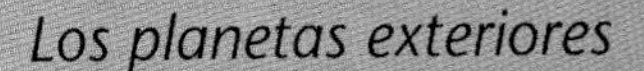

Los planetas exteriores

Los planetas exteriores son los que están más alejados del Sol: Júpiter, Saturno, Urano, Neptuno y Plutón. Están hechos de hielo, gas y líquidos y todos ellos, a excepción de Plutón, son mayores que los planetas interiores.

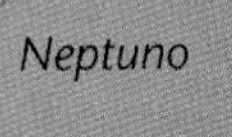

Asteroides

Los asteroides son inmensos pedazos de roca, o roca y metal. Se formaron junto con el resto del sistema solar hace unos 5.000 millones de años. Al igual que los planetas, giran alrededor del Sol. Algunos asteroides tienen una órbita larga y ovalada, que les lleva lejos del Sol. Otros viajan por delante o por detrás de los planetas, aunque principalmente se encuentran entre Marte y Júpiter, en una franja denominada Cinturón de Asteroides.

Cometas

Los cometas parecen enormes icebergs en órbita. Sus trayectorias les llevan muy lejos y pasan poco tiempo cerca del Sol. Suelen llevar el nombre de las personas que los descubren. El cometa Halley, por ejemplo, fue descubierto por el astrónomo Edmund Halley.

Lunas

Al igual que la Luna gira en órbita alrededor de la Tierra, muchos de los planetas poseen lunas en órbita a su alrededor. Algunos planetas tienen varias lunas, como Saturno, que tiene al menos 18.

Hay varios tipos distintos de lunas. Unas son rocosas, otras contienen hielo, líquido o rocas en su interior. Muchas, como nuestra Luna, poseen cráteres, montañas y valles. Otras son poco conocidas, porque no han podido fotografiarse con detalle.

Meteoroides

Los meteoroides son pequeños cuerpos sólidos que se encuentran flotando en el sistema solar.

Al entrar en contacto con la atmósfera terrestre se queman y producen una franja brillante en el cielo. Los meteoroides que caen en la atmósfera terrestre se llaman meteoros. Algunos meteoros chocan contra la superficie de la Tierra y se denominan meteoritos.

EL SOL

Al igual que todas las estrellas, el Sol es una enorme bola de gases ardientes. En su interior, diminutas partículas (átomos) de hidrógeno, se unen y forman otro gas: el helio. Este proceso de unión se llama fusión nuclear y produce gran cantidad de luz y calor. Sin la luz y el calor del Sol no habría vida en la Tierra.

¿Qué tamaño tiene?

Sol · *Betelgeuse*

El Sol mide casi 1,4 millones de kilómetros de diámetro y en su interior podría dar cabida a más de un millón de planetas como la Tierra. Sin embargo, comparado con otras estrellas del universo, el Sol no resulta tan enorme. Este dibujo muestra el tamaño del Sol comparado con el de Betelgeuse, una de las estrellas más grandes.

La estructura del Sol

Núcleo. El núcleo del Sol tiene un diámetro veintisiete veces superior al de la Tierra y su temperatura es de más de 15 millones de grados centígrados.

Zona radiativa. El calor que se produce en el núcleo se expande en forma de ondas.

Zona convectiva. Transporta la energía del Sol hacia la superficie. Las flechas muestran el movimiento de convección en su interior.

La superficie del Sol se denomina fotosfera, y está formada por gases que se agitan violentamente.

La corona es la parte exterior de la atmósfera solar. Ocupa un espacio enorme, pero es muy débil y no se puede observar a no ser que el Sol desaparezca de la vista, por ejemplo por la interposición de la Luna durante un eclipse (ver páginas 16-17).

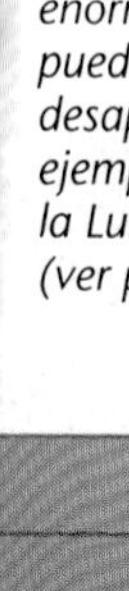

Manchas solares

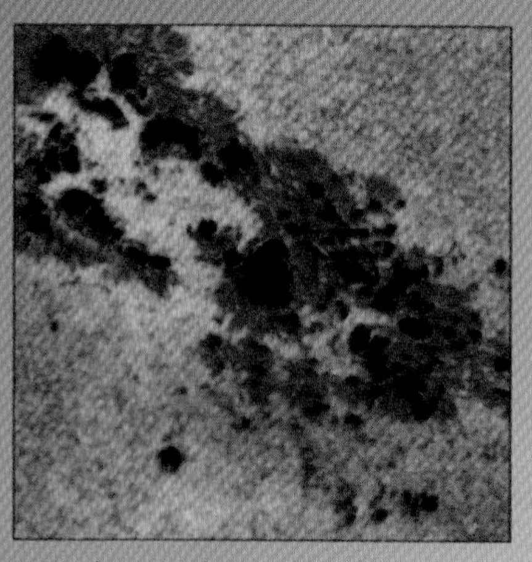

Mancha solar fotografiada desde la Tierra con un equipo fotográfico especial.

A veces, en la superficie del Sol se observan unas pequeñas manchas oscuras, llamadas manchas solares. Son zonas de la superficie solar que están un poco más frías que las demás. De vez en cuando, las manchas solares forman grupos que pueden llegar a ser enormes. El grupo más grande que se ha observado cubría un área de 18.130 millones de kilómetros cuadrados.

Gases incandescentes

Cerca de las manchas solares se forman nubes de gases incandescentes, llamadas fáculas, que flotan por la superficie solar. Anillos de gas, llamados protuberancias solares, se escapan a velocidades de hasta 600 km por segundo. Y aún más espectaculares son las llamaradas solares, explosiones debidas a las ondas de energía (radiación) producidas por el Sol.

¡ADVERTENCIA!
No mires jamás al Sol directamente, ni a simple vista, ni con prismáticos, ni por un telescopio. Su potente luz te puede dejar ciego. No utilices un vidrio ahumado ni filtros solares porque no bloquean todos los rayos perjudiciales.

Lo que sí puedes hacer es mirar al Sol indirectamente. Dirige unos prismáticos hacia el Sol sin mirar por ellos, coloca un pedazo de cartulina blanca detrás hasta que aparezca un círculo blanco y enfócalos hasta que la imagen sea nítida.

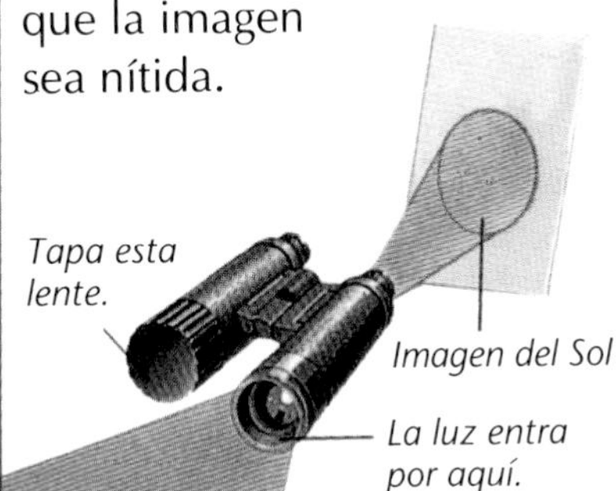

Viento solar

La aurora es un hermoso y sobrecogedor espectáculo de luz en movimiento causado por el viento solar. Se ve desde zonas de la Tierra que están muy al norte o muy al sur.

El sol emite un flujo constante de partículas invisibles en todas direcciones. Es lo que se conoce con el nombre de viento solar. El viento solar llega a la Tierra constantemente, pero no lo notamos porque las fuerzas magnéticas terrestres desvían y absorben su energía.

Cuando las partículas quedan atrapadas cerca del polo norte o del polo sur, crean un hermoso espectáculo de luz, denominado aurora. En el norte, se llama aurora boreal, o luces del norte, y en el sur se llama aurora austral o luces del sur.

La superficie solar, en constante agitación.

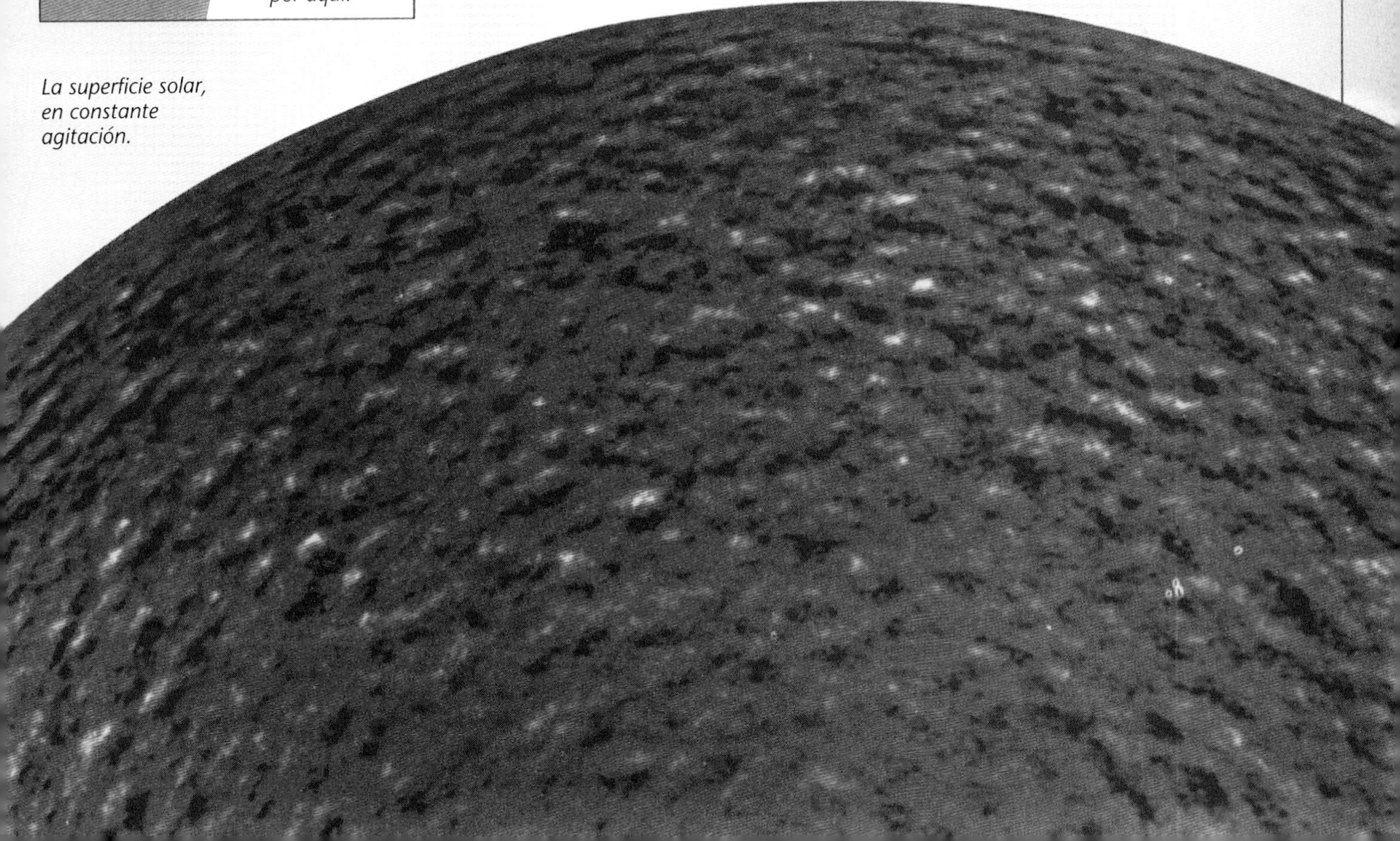

ECLIPSES

Al girar en el espacio, la Luna y la Tierra pueden llegar a interponerse y ocultar la luz del Sol, dando lugar a un eclipse. Los eclipses ocurren de vez en cuando. Son acontecimientos emocionantes que reciben bastante publicidad. Hay dos tipos: el eclipse lunar y el eclipse solar.

Eclipses lunares

Un eclipse lunar ocurre cuando la Tierra se coloca entre el Sol y la Luna. La Luna atraviesa la sombra que proyecta la Tierra.

El eclipse lunar se puede observar desde la cara de la Tierra que está a oscuras. La Luna se ve pálida y a menudo despide una sombra rojiza.

Acostumbra a producirse un eclipse al año y se puede observar a simple vista, aunque se ve mucho mejor con prismáticos.

Eclipse lunar total

Todas las sombras, incluso la de la Tierra, son más oscuras en el centro que en los bordes. Si la Luna penetra en la parte más oscura de la sombra terrestre (la umbra), hay un eclipse total. Se ve una Luna casi negra.

Eclipse lunar total. La Luna se sitúa en la sombra de la Tierra.

Eclipse lunar parcial

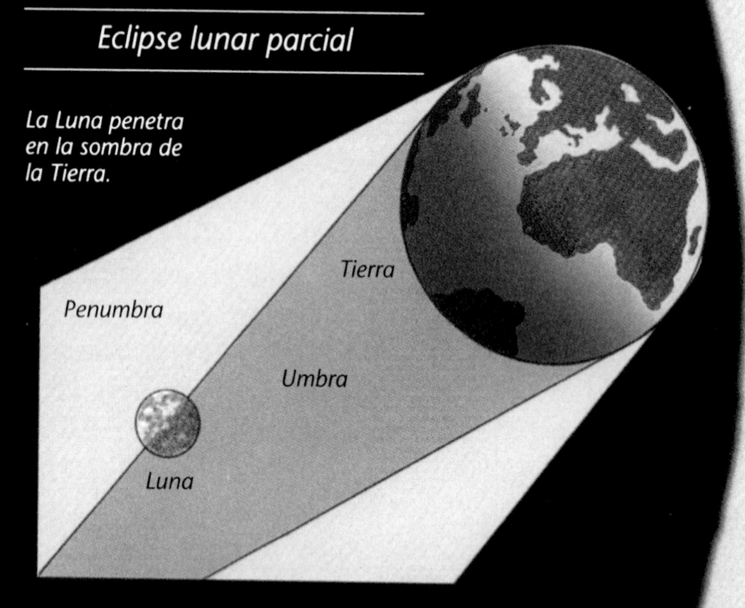

La Luna penetra en la sombra de la Tierra.

Un eclipse parcial se produce cuando parte de la Luna se coloca en la zona más clara de la sombra (la penumbra). Se ve una Luna menos oscura que durante un eclipse total.

También puede ocurrir un eclipse parcial cuando la Luna no entra en la umbra y sólo pasa por la penumbra. Este eclipse es más difícil de notar.

La fotografía de fondo muestra un eclipse total de Sol (eclipse solar, p.17). El Sol queda completamente oculto por la sombra de la Luna. La luz brillante alrededor de la sombra oscura es la corona, la parte exterior de la atmósfera solar.

Eclipses solares

Un eclipse solar se produce cuando la Luna se sitúa entre el Sol y la Tierra impidiendo que la luz del Sol llegue a una parte de nuestro planeta. Los astrónomos viajan por todo el mundo para ver eclipses solares. Suceden normalmente cada tres o cuatro años, y pueden llegar a durar de dos a siete minutos.

Durante un eclipse solar total se puede observar la corona a simple vista. Normalmente los astrónomos necesitan instrumentos especiales para verla. Puedes contemplar un eclipse total, pero procura no mirar hacia los rayos del Sol justo antes o después del eclipse.

1. La Luna se acerca al Sol.

2. La Luna pasa por delante del Sol.

¿Dónde se ven los eclipses?

Los eclipses solares solamente se pueden observar desde los lugares de la Tierra ocultos por la sombra de la Luna, que tan sólo cubre una pequeña porción de la superficie terrestre.

Los dibujos de la derecha muestran lo que sucede durante un eclipse.

3. La luz del Sol queda parcialmente oculta. Se trata de un eclipse parcial.

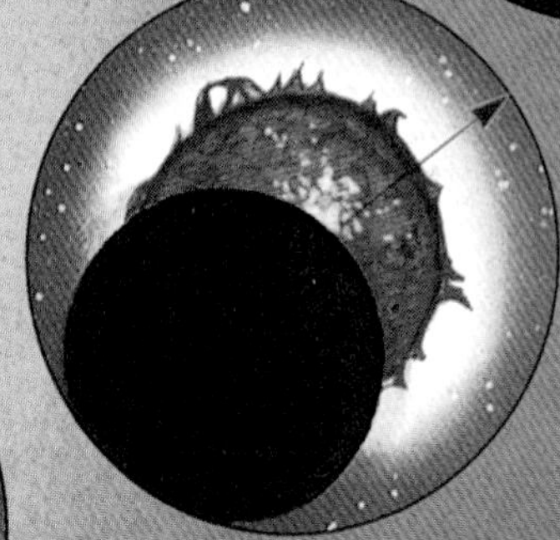

4. En un eclipse total, el Sol queda totalmente oculto y sólo se ve la corona.

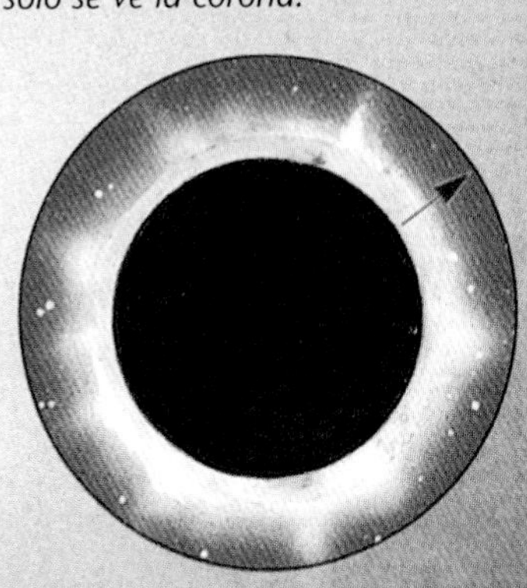

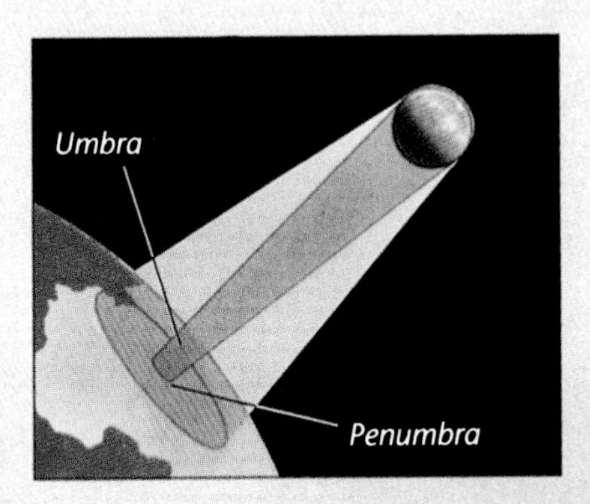

CÓMO VER UN ECLIPSE SIN RIESGOS

La mejor forma de observar un eclipse solar es proyectando su imagen (ver página 15). NO lo mires directamente, con un vidrio ahumado, con prismáticos ni con un telescopio, porque los rayos del Sol podrían dejarte ciego.

Efecto anillo de diamante

Se trata de un efecto impresionante que a veces ocurre durante un eclipse solar. Justo en el momento anterior y posterior al eclipse, se puede ver el resplandor de un enorme rayo de luz, parecido al de un diamante.

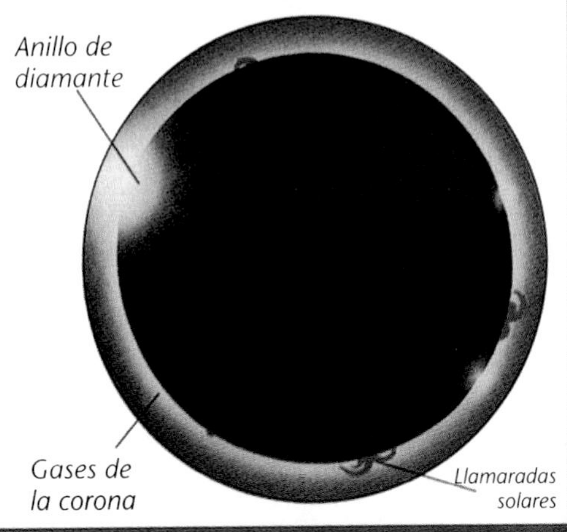

MERCURIO

El planeta que se encuentra más próximo al Sol dentro de nuestro sistema solar es Mercurio. Su trayectoria lo sitúa a unos 58 millones de kilómetros del Sol.

Como Mercurio es el planeta más cercano al Sol, su órbita alrededor de éste es la más corta de entre todos los planetas.

El Sol (el dibujo no está a escala)

Un planeta diminuto

A excepción de Plutón, y en comparación con la mayoría de los demás planetas del sistema solar, Mercurio es un planeta pequeño. Su diámetro es de 4.880 km, casi tres veces menor que el de la Tierra.

Dibujo a escala.

Calor y frío

Al estar tan cercano al Sol, la temperatura diurna de Mercurio puede llegar a los 427 ºC, más de cuatro veces superior a la del agua hirviendo.

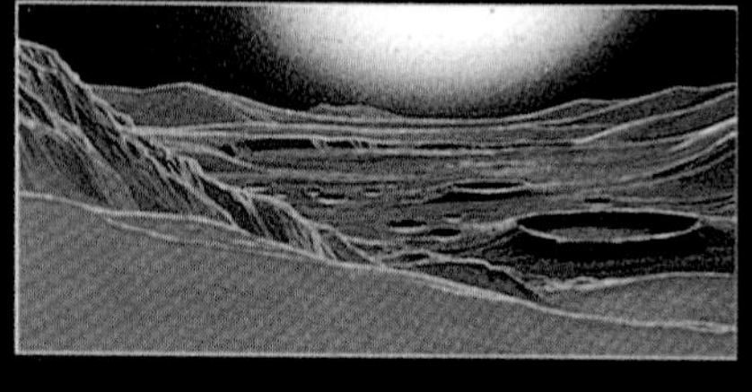

La superficie desolada de Mercurio.

Sin embargo, por la noche, la temperatura desciende hasta alcanzar los 83 ºC bajo cero. La luz del Sol no llega a calentar los profundos cráteres que hay en Mercurio y la temperatura en el interior del planeta es súmamente baja.

Días y años

Un año en Mercurio (el tiempo que tarda en girar en torno al Sol) equivale a 88 días terrestres. Un año en Mercurio es más corto que tres meses en la Tierra.

Mercurio gira despacio. Cada día (el tiempo que tarda en girar una vez sobre sí mismo) equivale a 59 días terrestres, y cada año tiene menos de dos días. Los largos períodos en que se encuentra de espaldas al Sol explican porqué es un planeta tan frío por las noches.

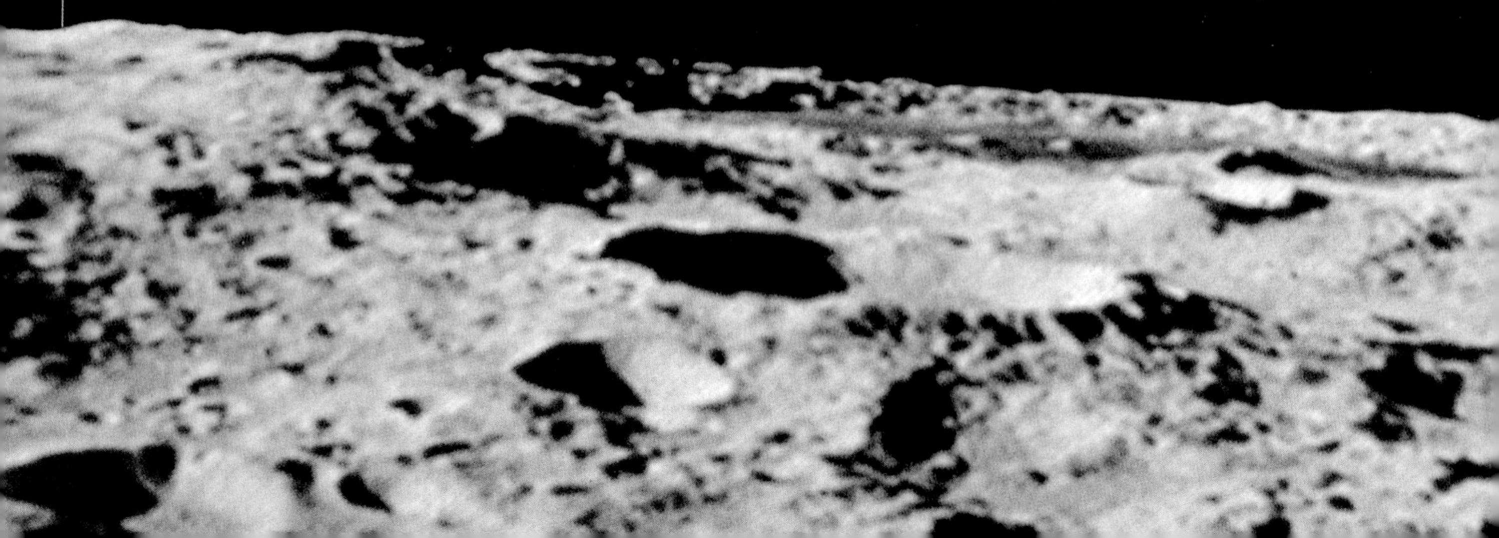

Dónde buscar a Mercurio

A veces, Mercurio se puede observar justo después del atardecer o antes del amanecer. Está bastante bajo en el cielo y parece una estrella blanca de brillo constante.

En su momento de mayor luminosidad se puede observar a simple vista, pero lo mejor es utilizar unos prismáticos o un telescopio.

El punto brillante en el centro de esta fotografía es Mercurio.

¡ADVERTENCIA!
Busca a Mercurio antes del amanecer o después de que se haya puesto el Sol. Podrías dañarte la vista con sólo entrever un rayo de Sol al mirar con prismáticos o por un telescopio.

Las fases de Mercurio

El resplandor y la forma de Mercurio parecen variar a medida que éste gira alrededor del Sol. Estos cambios se denominan fases. Las fases de Mercurio se ven únicamente con un telescopio potente.

Cuando Mercurio está cerca de la otra cara del Sol parece pequeño y tenue, porque está muy lejos. Sin embargo, tiene más superficie iluminada. (Ver fases menguante y llena en el dibujo inferior).

A medida que se acerca al Sol se vuelve brillante y parece bastante grande, porque está más cerca de la Tierra. Sin embargo, menos superficie está iluminada. (Ver fases crecientes en el dibujo inferior).

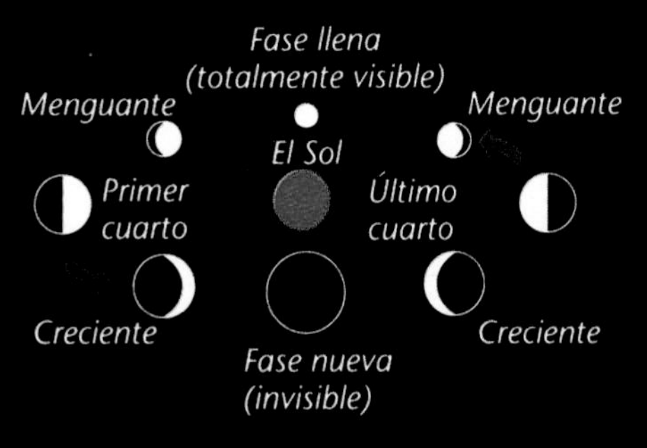

El Mariner 10, la primera sonda espacial que visitó Mercurio.

La sonda espacial

Los EE.UU. lanzaron en 1973 la única misión a Mercurio hasta la fecha. La sonda espacial sin tripulación recibió el nombre Mariner 10.

El Mariner 10 estudió la superficie de Mercurio con todo detalle. La sonda descubrió que el planeta no posee atmósfera ni agua, por lo que nada podría sobrevivir en él. Su superficie, árida y rocosa, está cubierta de cráteres con bordes afilados.

Fotografía de la superficie de Mercurio tomada por la sonda Mariner 10.

VENUS

Venus tiene su órbita a unos 108 millones de kilómetros del Sol. Es de tamaño similar al de la Tierra, con la superficie llana y varias zonas elevadas, parecidas a los continentes terrestres.

Luz solar

La atmósfera densa de Venus refleja la mayor parte de la luz solar que recibe.

Los planetas y las distancias entre ellos no están a escala.

Una atmósfera densa

La atmósfera de Venus es muy densa. Está compuesta fundamentalmente por dióxido de carbono y ejerce un enorme peso sobre la superficie del planeta. Además, las nubes de Venus contienen ácido sulfúrico, y las lluvias calcinarían a cualquier ser vivo que pudiese habitar en su superficie.

Estrella matutina y estrella vespertina

En algunas épocas del año se puede ver Venus a simple vista, justo antes del amanecer o después del atardecer. Los astrónomos le llaman la estrella matutina o la estrella vespertina, según la hora del día en la que aparece. Venus es el tercer objeto celeste más brillante después del Sol y la Luna.

La atmósfera de Venus refleja la luz del Sol como si se tratara de un espejo. Ésta es la razón por la que Venus parece tan brillante.

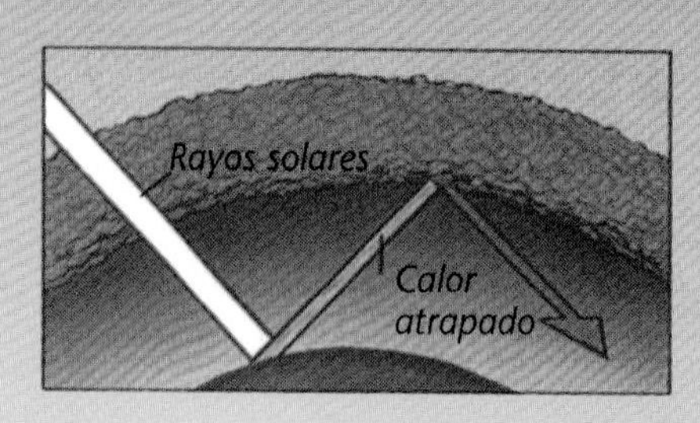

El calor del Sol que logra atravesar las nubes del planeta queda atrapado. La temperatura en la superficie puede llegar a los 480 ºC.

Rotación retrógrada

Rotación de la Tierra

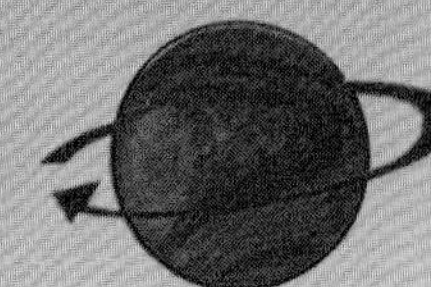

Rotación de Venus

Venus gira en dirección contraria a la Tierra y los demás planetas.

Venus tarda más en girar sobre sí mismo una sola vez que en dar la vuelta al Sol, por lo que en Venus un día es más largo que un año.

Esta imagen tomada por la sonda espacial Magallanes muestra unas montañas en Venus.

Sondas lanzadas

Nadie sabía cómo era la superficie de Venus hasta que la Unión Soviética envió en 1975 dos sondas espaciales llamadas Venera.

Mediante un radar para poder ver a través de las nubes, las sondas Venera trazaron un mapa de la superficie del planeta. Se envió un robot que descubrió que la superficie estaba cubierta de rocas afiladas y que tenía el aspecto de un tenebroso desierto anaranjado.

Cráteres

Al igual que Mercurio y Marte, Venus tiene cráteres. La densa atmósfera de Venus frena los objetos que la atraviesan, por lo que chocan contra la superficie con menos fuerza y crean cráteres menos profundos.

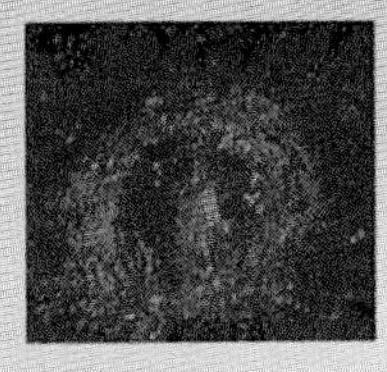

Esta mancha oscura surgió por la explosión de un objeto que cayó en la atmósfera de Venus. Apareció a consecuencia de las ondas de choque producidas por la explosión.

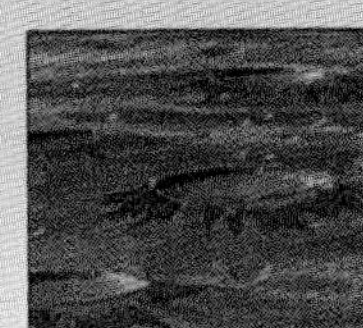

Estos pequeños cráteres se formaron cuando fragmentos de un objeto chocaron contra la superficie de Venus.

Magallanes

A finales de la década de 1980 y principios de la de 1990, la sonda espacial norteamericana Magallanes examinó con detalle el planeta.

Descubrió que su superficie está cubierta principalmente de zonas de lava solidificada, que surgió de los muchos volcanes que hay en Venus.

Venus y la sonda espacial Magallanes

Magallanes también descubrió curiosas grietas y surcos, como telarañas. Tales grietas, llamadas aracnoides, solamente se encuentran en Venus, y es posible que se formaran cuando masas de roca fundida subieron hacia la superficie y desgarraron la corteza del planeta.

Esta montaña se denomina Gula Mons.

¡ADVERTENCIA!
Comprueba siempre que el Sol se ha puesto (por la noche) o que aún no ha salido (por la mañana) si buscas a Venus. Podrías dañarte la vista si miras accidentalmente al Sol, con prismáticos o por un telescopio.

LA TIERRA

La Tierra gira alrededor del Sol a una velocidad de unos 110.000 km/h. Se halla a una distancia de 150 millones de kilómetros del Sol y tarda exactamente 365,256 días (un año terrestre) en dar una vuelta completa al Sol.

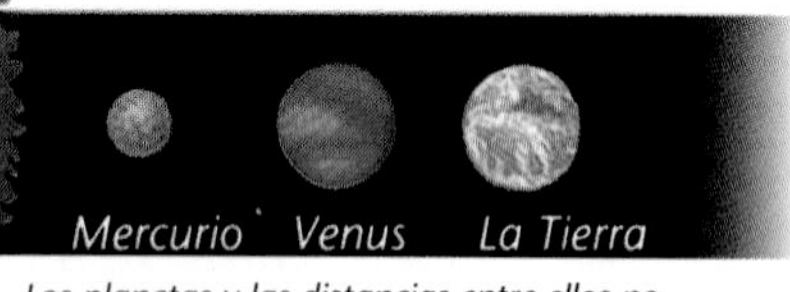

Los planetas y las distancias entre ellos no están a escala.

La vida en la Tierra

Gracias a la distancia entre la Tierra y el Sol, nuestro planeta tiene la temperatura ideal para que el agua exista como elemento líquido, y no sólo como hielo o vapor. Además, la Tierra posee una atmósfera que se puede respirar. Los animales y las plantas necesitan ambos elementos para sobrevivir.

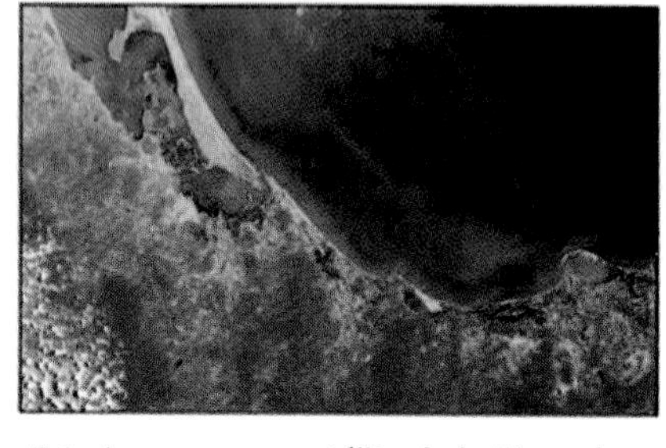

Esta imagen por satélite de la Tierra ha sido coloreada por ordenador. El agua, que permite la vida en el planeta está en azul, las zonas forestales en rojo y las zonas forestales que han desaparecido en verde.

La atmósfera

La atmósfera terrestre está formada por una mezcla de gases que rodean el planeta. Posee distintos estratos o capas. El oxígeno, que los seres vivos utilizan para respirar, constituye alrededor de un 20% de la atmósfera.

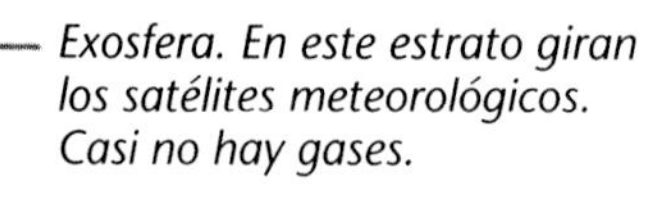

Exosfera. En este estrato giran los satélites meteorológicos. Casi no hay gases.

Termosfera. Las auroras se originan en este estrato (ver página 15).

Mesosfera. En este estrato se desintegran los meteoros.

Estratosfera. Los aviones a reacción vuelan en este estrato. Contiene la capa de ozono que bloquea los rayos perjudiciales del Sol.

Troposfera. En este estrato se producen los fenómenos meteorológicos.

El interior de la Tierra

Al igual que Mercurio, Venus y Marte, la Tierra posee una corteza rocosa y un núcleo de metal sólido. Entre la corteza y el núcleo hay varias capas.

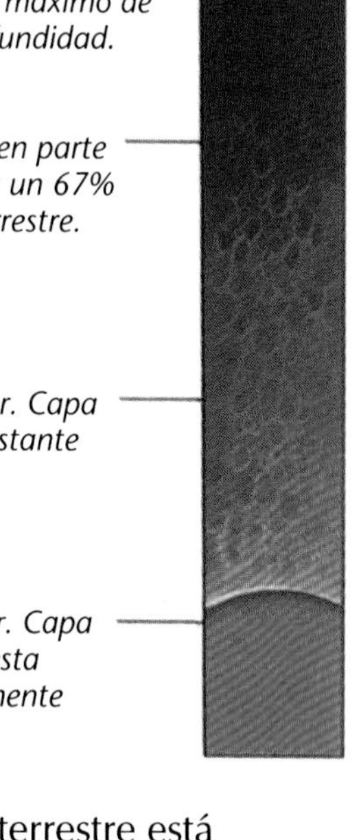

Corteza. Es una capa rocosa con un máximo de 50 km de profundidad.

Manto. Capa en parte líquida. Forma un 67% de la masa terrestre.

Núcleo exterior. Capa líquida en constante movimiento.

Núcleo interior. Capa sólida compuesta fundamentalmente por hierro.

La corteza terrestre está formada por piezas separadas, llamadas placas, que se presionan entre ellas. Están en constante movimiento, lo cual a veces produce terremotos en los lugares donde dos placas se encuentran.

La Tierra desde el espacio

En la actualidad, sabemos cada día más sobre nuestro planeta gracias a la información que envían los satélites y las estaciones espaciales.

Los meteorólogos utilizan la información recogida por los satélites para predecir los cambios atmosféricos. Esa información puede servir para alertarnos sobre condiciones meteorológicas extremas.

Los datos que envían los satélites tambien sirven para estudiar zonas que son difíciles de observar. Ahora podemos ver con todo detalle el suelo oceánico.

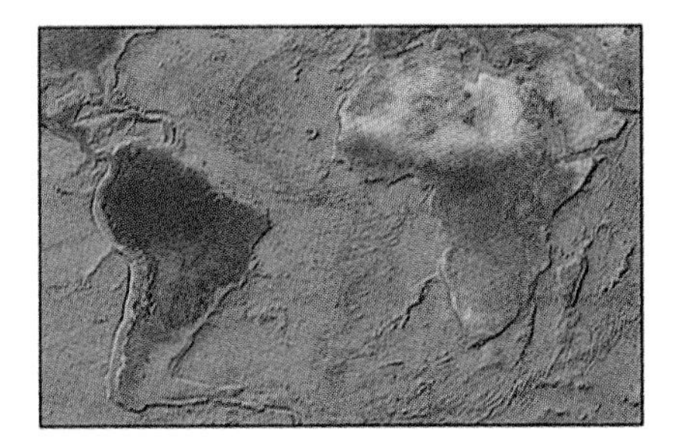

Imagen por satélite de las cordilleras del suelo oceánico, entre América del Sur y África.

Fotografía por satélite de un huracán acercándose a la costa este de los Estados Unidos.

La Tierra en peligro

A medida que crece la población mundial, los humanos utilizamos más terreno, y los vehículos e industrias contaminan más, con lo que estamos dañando el entorno: la naturaleza, los océanos y la atmósfera.

La Tierra nos ofrece alimentos, agua, electricidad y productos que utilizamos en nuestra vida cotidiana, por eso es muy importante cuidarla. Podemos ayudar a conservar el planeta si reducimos el nivel de contaminación y desechos, protegemos nuestro entorno y reciclamos productos usados.

Imagen por satélite de la Tierra en la cual se observa la mayor parte del continente europeo.

LA LUNA

La Luna gira en torno a la Tierra, a una distancia de 384.000 km. Las lunas que giran alrededor de otros planetas suelen ser, en comparación con ellos, mucho más pequeñas. Sin embargo, nuestra Luna es bastante grande, con un tamaño que equivale a un cuarto del de la Tierra.

Así se ve la Tierra desde la Luna.

El efecto de la Tierra

La gravedad terrestre hace que la Luna gire sobre sí misma. Siempre vemos la misma cara de la Luna porque tarda el mismo tiempo en girar sobre sí misma que en dar una vuelta alrededor de la Tierra.

La Luna gira sobre sí misma mientras orbita alrededor de la Tierra.

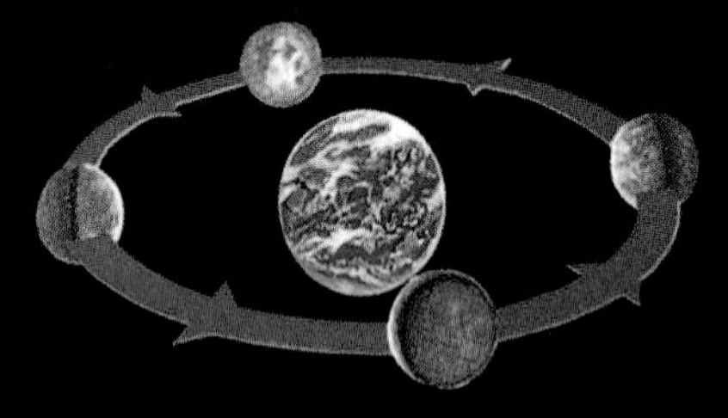

En 1969 la misión espacial norteamericana Apolo XI consiguió que el hombre pisara la Luna por primera vez en la historia.

Un astronauta del Apolo XI en la Luna.

Cráteres gigantescos

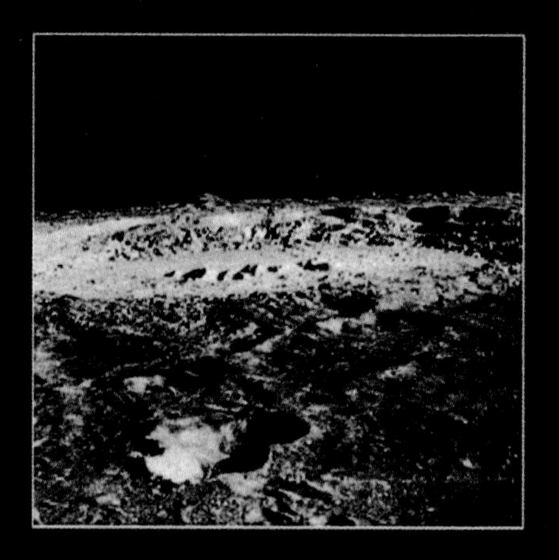

Fotografía de Copérnico, uno de los cráteres de la Luna. Es tan grande que podría dar cabida a dos ciudades del tamaño de Madrid o Buenos Aires.

Los cráteres surgieron a causa de meteoritos que chocaron contra la Luna. En noches despejadas, cuando hay luna llena, se pueden ver a simple vista cráteres tan gigantescos como Copérnico.

Muchos de los cráteres lunares están rodeados por líneas pálidas, llamadas rayos. Los rayos se formaron como consecuencia del polvo que se esparció cuando chocaron los meteoritos.

¿Hay mares en la Luna?

En la superficie de la Luna hay muchas manchas oscuras. Son zonas llanas de lava que se ha enfriado y solidificado y que surgió de volcanes que ya no existen.

Desde la Tierra, esas zonas llanas parecen mares. Por este motivo los astrónomos de la antigüedad las llamaron mares.

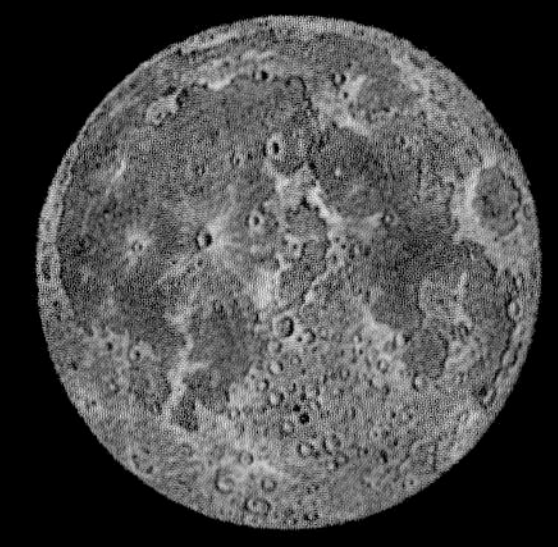

Las manchas oscuras en la superficie de la Luna son los mares.

Montañas

La superficie lunar es muy montañosa. La cordillera más alta se conoce con el nombre de los Apeninos. Una de sus cimas es casi tan alta como el Everest, el pico más alto de la Tierra.

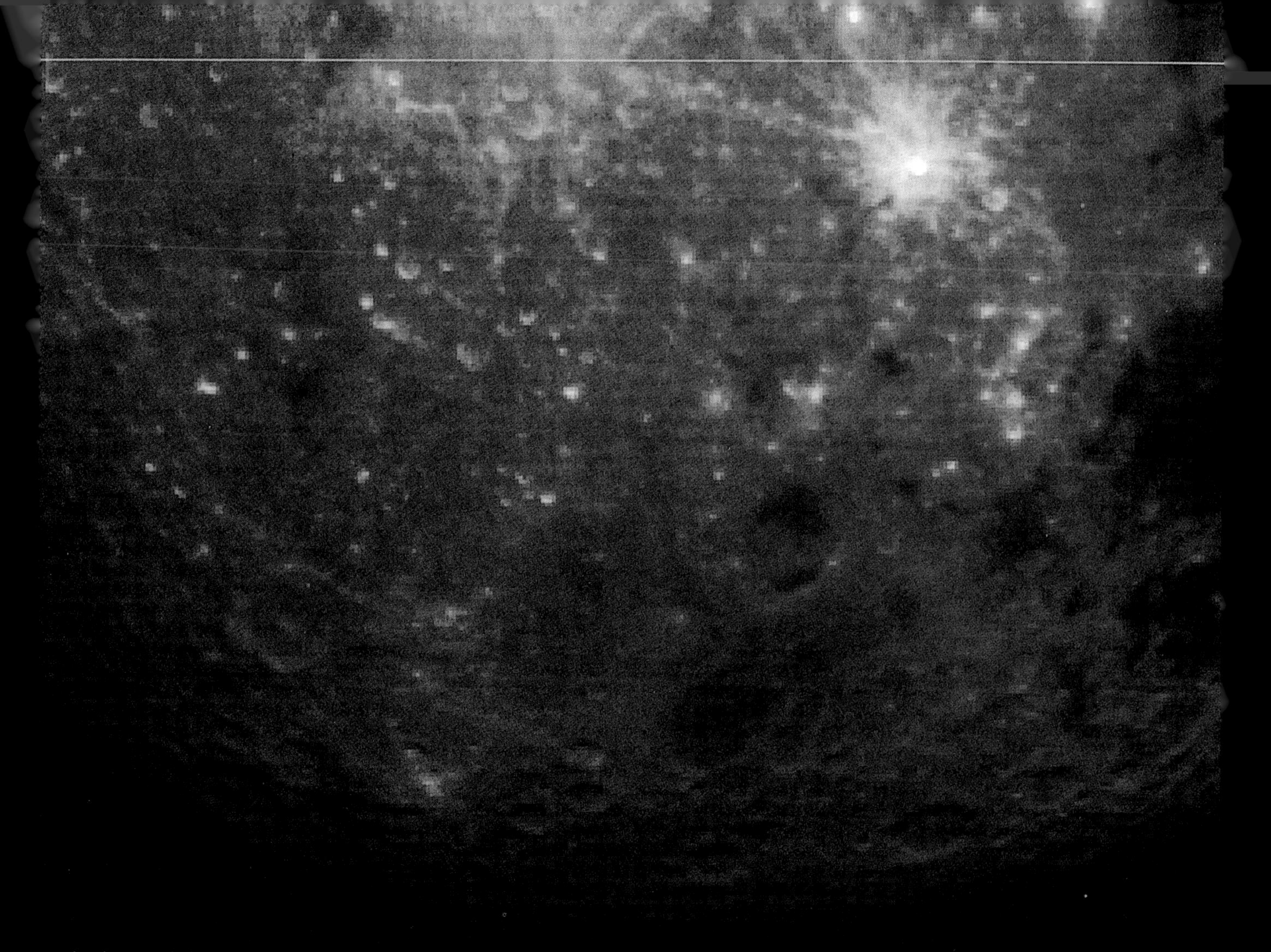

Así es la cara de la Luna que no se ve desde la Tierra.

Temperatura

La atmósfera terrestre actúa como un techo, que evita que el Sol caliente demasiado durante el día y que el calor escape por la noche.

La Luna no tiene atmósfera que la proteja. Los rayos del Sol pueden hacer que la temperatura alcance los 123°C, por encima del punto de ebullición del agua.

Cuando en la Luna no hay Sol la temperatura puede llegar a alcanzar los 123°C bajo cero, mucho más baja que en cualquier región de la Tierra.

Las fases de la Luna

La Luna no produce luz propia, sino que refleja los rayos del Sol, por lo que puede parecer muy brillante por las noches.

La Luna parece variar de forma cada noche. Esto se debe a que a medida que ésta gira en torno a la Tierra se hacen visibles distintas secciones de su cara iluminada por el Sol.

La Luna tarda 28 días en dar una vuelta completa alrededor de la Tierra. A la derecha puedes ver un esquema de sus fases.

La Luna

Dirección de la luz del Sol

La Tierra

Estos dibujos muestran cómo se ve la Luna desde la Tierra según se encuentre en las distintas posiciones indicadas.

1. Luna nueva

5. Luna llena

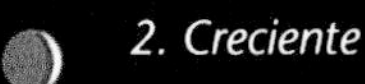

2. Creciente

6. Gibosa

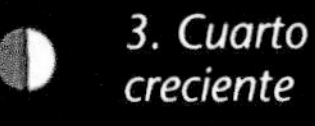

3. Cuarto creciente

7. Cuarto menguante

4. Gibosa

8. Menguante

MARTE

Marte es el cuarto planeta en orden de distancia al Sol, y gira en órbita a unos 225 millones de kilómetros de éste. Tarda aproximadamente 678 días, casi el doble que la Tierra.

Marte es sólo la mitad de grande que la Tierra.

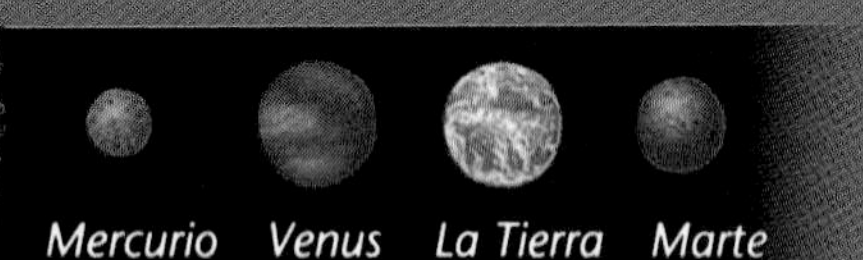

Los planetas y la distancia entre ellos no están a escala.

¿Cómo es Marte?

Marte es visible a simple vista, y parece una estrella brillante de color anaranjado. Para poder ver las características de su superficie necesitarás un telescopio potente.

Dos lunas

Marte posee dos lunas: Fobos y Deimos. Tienen forma irregular y son oscuras y polvorientas. La órbita de Fobos se encuentra a tan sólo 6.000 km de Marte y la de Deimos a 20.000 km.

Muchos científicos creen que las lunas de Marte son asteroides que quedaron atrapados en la órbita del planeta hace millones de años.

Deimos, la luna más pequeña de Marte, mide unos 15 km en su zona más ancha.

Fobos mide 28 km en su punto más ancho. Posee un enorme cráter de unos 5 km de largo llamado Stickney.

Marte: un planeta frío, surcado de cráteres y profundos cañones.

El planeta rojo

Marte es un planeta polvoriento. El terreno contiene grandes cantidades de hierro, que le da un color rojizo. Visto de cerca, el desolado paisaje parece estar formado por dunas anaranjadas y miles de rocas.

A menudo, la superficie de Marte es barrida por inmensas tormentas de polvo que pueden durar semanas enteras.

Atardecer marciano fotografiado durante la misión Pathfinder a Marte.

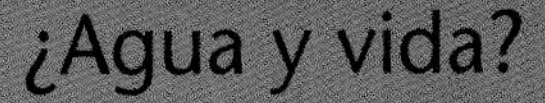

¿Agua y vida?

Las sondas espaciales han fotografiado profundos canales que sugieren la existencia de agua en el pasado. Así pues, es posible que existieran mares y océanos en Marte hace millones de años.

El agua es imprescindible para la vida de las plantas y los animales. Por lo tanto, si hubo agua en Marte, es posible que también existieran seres vivos.

Este canal seco en Marte podría haber sido un río hace miles de millones de años.

El meteorito marciano

En 1984 cayó a la Tierra un meteorito. Tras analizar su composición química, en 1996 los científicos declararon que casi con toda seguridad el meteorito procedía de Marte.

Esos científicos afirman que el meteorito contiene fósiles de criaturas microscópicas, parecidas a las bacterias, que vivieron hace millones de años. Si esto fuera cierto, se podría demostrar que existieron formas sencillas de vida en Marte.

Mariner 4

Sin embargo, hay científicos que ponen en duda la teoría de los fósiles y creen que los restos son de otras materias químicas.

Exploración de Marte

Las primeras sondas que llegaron a Marte fueron las Mariner en la década de 1960. En la década siguiente, las sondas Viking transmitieron fotografías detalladas de la superficie marciana.

La misión Pathfinder

La misión Pathfinder a Marte despegó en diciembre de 1996 para averiguar más detalles sobre el planeta. La nave espacial llegó a Marte en julio del año siguiente y envió un vehículo teledirigido, el Sojourner, para rastrear la superficie del planeta.

Vehículo teledirigido Sojourner

JÚPITER

Júpiter es el mayor planeta del sistema solar. Gira alrededor del Sol a una distancia de 778 millones de kilómetros y es tan grande que en su interior cabrían más de 1.000 planetas del tamaño de la Tierra. Hay al menos 16 lunas que giran alrededor de Júpiter, y es posible que existan aún más.

Los planetas y las distancias entre ellos no están a escala.

Enormes bolas de gas

Júpiter es uno de un grupo de cuatro planetas que están compuestos principalmente por gas. Los otros tres son Saturno, Urano y Neptuno, y los cuatro juntos se denominan los gigantes de gas.

Júpiter es tan extenso que ejerce una enorme atracción gravitatoria sobre los objetos a su alrededor. Los asteroides y meteoritos que se le acercan son "succionados" hacia su atmósfera. Por lo tanto, Júpiter es como una aspiradora gigante en el espacio, que absorbe los detritos espaciales.

Observar a Júpiter

Júpiter es el cuerpo celeste más brillante después del Sol, la Luna y Venus. Es fácil localizarlo a simple vista porque parece una estrella brillante. Con un buen telescopio podrás observar las franjas nubosas de color oscuro y la famosa Gran Mancha Roja.

La sonda Galileo llevó a cabo un estudio detallado de Júpiter.

La Gran Mancha Roja

La Gran Mancha Roja es un enorme remolino tormentoso de unos 8 km de altura, 400.000 km de longitud y 14.000 km de anchura, en la que los vientos soplan a unos 500 km/h.

A medida que la mancha se desplaza, se lleva consigo otras tormentas. Sin embargo, parece que se está encogiendo y en la actualidad es la mitad de grande de lo que era hace 100 años.

La Gran Mancha Roja de Júpiter

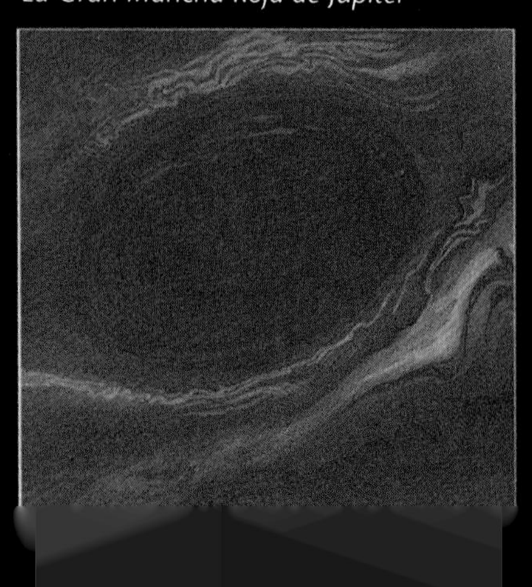

Sondas en Júpiter

Se han enviado varias sondas espaciales a Júpiter.

Pioneer 10

La primera sonda, el Pioneer 10, fue enviada por los EE.UU. en 1972 y llegó a Júpiter en 1973. Transmitió fotografías de las nubes del planeta a la Tierra.

Voyager

En 1979 las sondas Voyager descubrieron que Júpiter posee tres anillos, aunque son tan débiles que no se ven desde la Tierra.

Galileo

El anillo Gossamer es el anillo exterior de Júpiter. Imagen tomada por Galileo.

En 1995, la sonda espacial Galileo tomó una nueva serie de fotografías de Júpiter y envió una mini-sonda a la atmósfera del planeta. Se descubrió que los vientos en Júpiter son mucho más fuertes que los de la Tierra. Galileo también recogió información sobre los anillos de Júpiter.

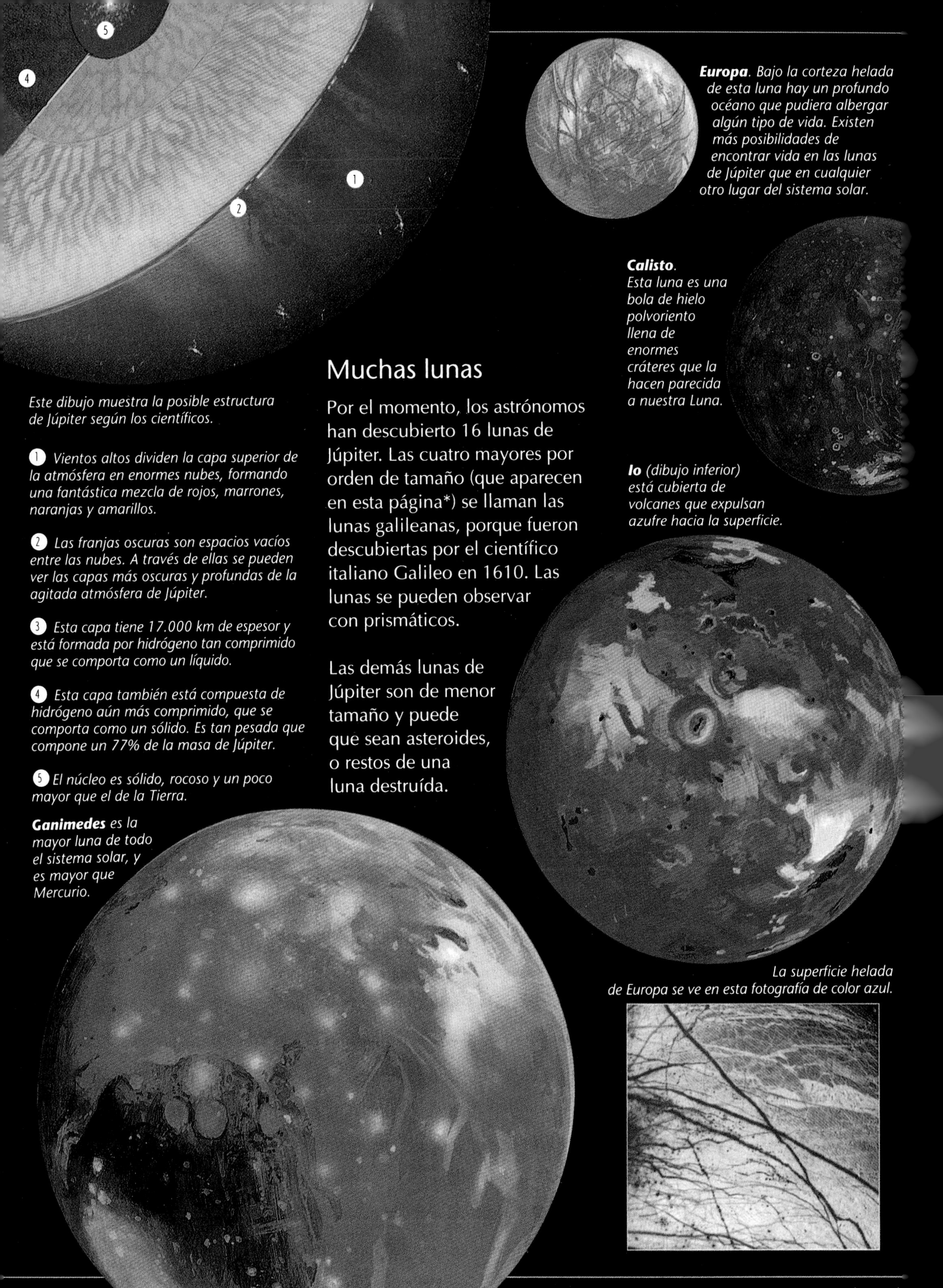

Este dibujo muestra la posible estructura de Júpiter según los científicos.

1 *Vientos altos dividen la capa superior de la atmósfera en enormes nubes, formando una fantástica mezcla de rojos, marrones, naranjas y amarillos.*

2 *Las franjas oscuras son espacios vacíos entre las nubes. A través de ellas se pueden ver las capas más oscuras y profundas de la agitada atmósfera de Júpiter.*

3 *Esta capa tiene 17.000 km de espesor y está formada por hidrógeno tan comprimido que se comporta como un líquido.*

4 *Esta capa también está compuesta de hidrógeno aún más comprimido, que se comporta como un sólido. Es tan pesada que compone un 77% de la masa de Júpiter.*

5 *El núcleo es sólido, rocoso y un poco mayor que el de la Tierra.*

Muchas lunas

Por el momento, los astrónomos han descubierto 16 lunas de Júpiter. Las cuatro mayores por orden de tamaño (que aparecen en esta página*) se llaman las lunas galileanas, porque fueron descubiertas por el científico italiano Galileo en 1610. Las lunas se pueden observar con prismáticos.

Las demás lunas de Júpiter son de menor tamaño y puede que sean asteroides, o restos de una luna destruída.

***Europa**. Bajo la corteza helada de esta luna hay un profundo océano que pudiera albergar algún tipo de vida. Existen más posibilidades de encontrar vida en las lunas de Júpiter que en cualquier otro lugar del sistema solar.*

***Calisto**. Esta luna es una bola de hielo polvoriento llena de enormes cráteres que la hacen parecida a nuestra Luna.*

***Io** (dibujo inferior) está cubierta de volcanes que expulsan azufre hacia la superficie.*

***Ganimedes** es la mayor luna de todo el sistema solar, y es mayor que Mercurio.*

La superficie helada de Europa se ve en esta fotografía de color azul.

*Las lunas galileanas no están a escala

SATURNO

La Tierra

Saturno es el segundo mayor planeta del sistema solar. Está rodeado de anillos, formados por polvo y rocas. Se halla a unos 1.427 millones de kilómetros del Sol y tarda 29 años en dar una vuelta completa a su alrededor.

Esta imagen de Saturno fue tomada por el telescopio espacial Hubble y transmitida a la Tierra. Compara el tamaño de Saturno con el de la Tierra.

Los planetas y las distancias entre ellos no están a escala.

Las lunas de Saturno

Saturno posee 18 lunas, incluso más que Júpiter. Aquí se describen algunas.

Un planeta enorme

Saturno es menor que Júpiter, pero aún así resulta enorme. Mide alrededor de 116.464 km de diámetro, nueve veces más que la Tierra.

Gigante de gas

Al igual que Júpiter, Saturno es un planeta gigante de gas. El hidrógeno, que es su principal componente, y la gran cantidad de helio que contiene su atmósfera, hacen de Saturno un planeta muy ligero. Si existiera un océano lo suficientemente grande, Saturno flotaría en él en vez de hundirse.

Los astrónomos creen que el interior de Saturno puede ser parecido al de Júpiter.

En rotación

Saturno gira sobre sí mismo a gran velocidad (sólo tarda diez horas). Como resultado, los gases de su atmósfera salen despedidos hacia su ecuador, la línea imaginaria en el medio de Saturno.

Saturno está abultado en la zona del ecuador.

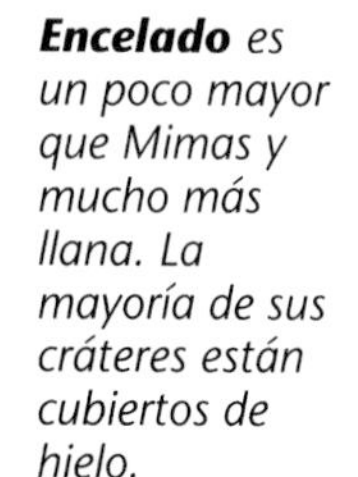

Los gases se expanden y ensanchan la parte central del planeta. Lo puedes ver mirando por un telescopio corriente.

***Mimas** mide 390 km y está repleta de cráteres. El impacto que creó su mayor cráter estuvo a punto de destruirla. Se la conoce con el nombre de "Estrella de la Muerte".*

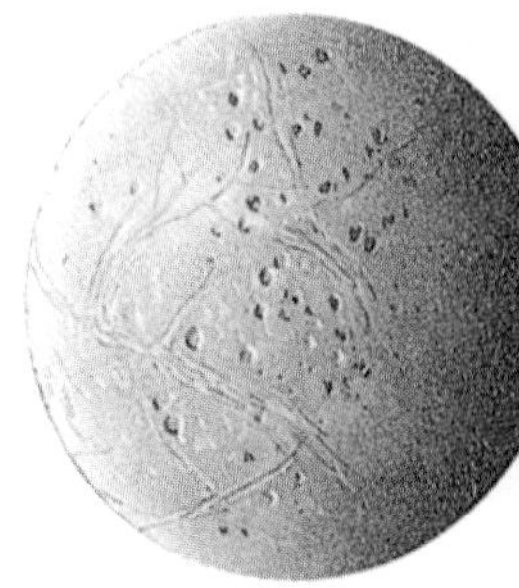

***Encelado** es un poco mayor que Mimas y mucho más llana. La mayoría de sus cráteres están cubiertos de hielo.*

***Tetis** posee inmensos cráteres y largos valles. El valle más extenso se llama Ítaca, y se extiende a lo largo de 2.000 km. Su mayor cráter es Odiseo, que mide 400 km.*

***Titán**, la mayor luna de Saturno, posee una densa atmósfera. Es mayor que Mercurio y algunos astrónomos creen que podría tener alguna forma de vida.*

Primeras observaciones

Los primeros astrónomos, con sus telescopios poco perfeccionados, no podían ver los anillos de Saturno con precisión. Incluso cuando en el siglo XVII el astrónomo italiano Galileo los descubrió, creyó que estaba viendo tres planetas distintos uno detrás del otro. Más tarde, se dio cuenta de que lo que había visto eran anillos alrededor de Saturno.

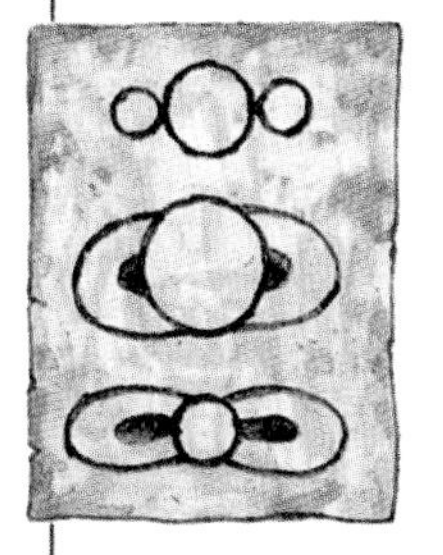

Estos son algunos de los dibujos de Galileo en sus primeras observaciones de Saturno. Fíjate cómo en un principio creyó que los anillos eran planetas.

Esta increíble imagen de los anillos de Saturno enviada por el Voyager 2 ha sido sacada de una de las páginas de la NASA en Internet.

Los anillos de Saturno

Las sondas espaciales han enviado muchísima información sobre los anillos de Saturno. La primera sonda que se acercó al planeta fue la Pioneer 11, que transmitió fotografías de Saturno a la Tierra. Más tarde las expediciones del Voyager descubrieron mucho más.

★ Los anillos sólo miden 1 km y están compuestos por elementos de tamaños tan dispares como pequeñas partículas de polvo y enormes rocas heladas.

Pioneer 11

★ Los anillos que se ven desde la Tierra están formados por miles de anillos más pequeños. Los dos anillos exteriores están entrelazados, como una soga.

★ Los elementos exteriores se mantienen en su sitio gracias a la acción gravitatoria de dos pequeñas lunas que giran en órbita en torno a Saturno: las Lunas Pastoras.

★ Por encima de uno de los anillos de Saturno giran nubes de polvo fino, como los radios de una rueda. Gracias a potentes telescopios nos es ahora posible ver esos radios.

Los anillos que desaparecen

A medida que Saturno y la Tierra giran en torno al Sol, cambia nuestra visión de los anillos. Esto ocurre porque Saturno está algo inclinado (como la Tierra y otros planetas) y por lo tanto, también lo están sus anillos.

Cuando el ángulo de inclinación de Saturno es el mismo que el de la Tierra, los anillos casi desaparecen.

Los anillos se ven así cuando la parte superior de Saturno apunta hacia la Tierra.

Los anillos se ven así cuando la parte superior apunta en dirección contraria a la Tierra.

URANO

Urano es el séptimo planeta en orden de distancia al Sol, a unos 2.871 millones de kilómetros de éste y tarda algo más de 84 años terrestres en dar una vuelta completa a su alrededor. El primer astrónomo que lo identificó fue William Herschel en 1781.

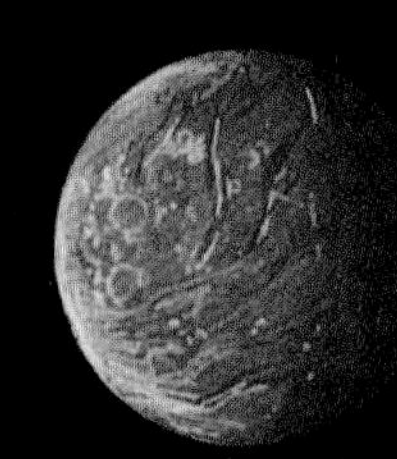

Ariel

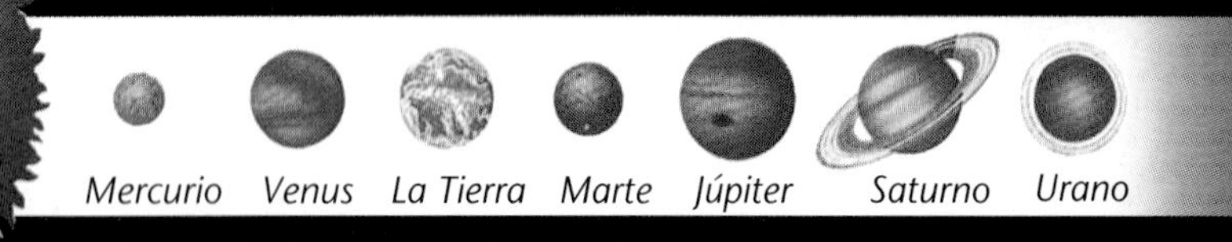

Los planetas y las distancias entre ellos no están a escala.

Dónde buscar a Urano

Si se sabe dónde buscar, Urano puede observarse a simple vista en el momento de mayor luminosidad. Al igual que los demás planetas, parece que cambia de posición entre las estrellas, y la verdad es que parece una, sólo que no titila.

Rotación peculiar

A diferencia de cualquier otro planeta, Urano gira de lado. La mayoría de los astrónomos creen que un giro tan raro es debido al choque, hace millones de años, con un objeto del tamaño de un planeta.

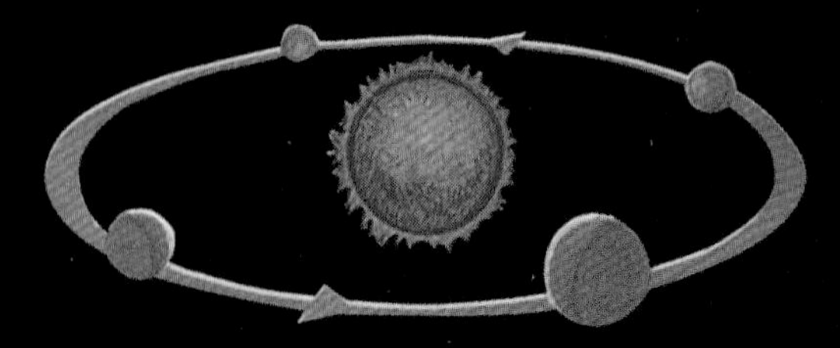

Urano girando de lado en su órbita alrededor del Sol.

Los anillos de Urano

Al igual que Saturno y Júpiter, Urano posee anillos. Se descubrieron desde la Tierra en 1977, aunque no fueron fotografiados y medidos hasta 1986, gracias a la sonda espacial Voyager. Los anillos están formados principalmente de polvo, y el del anillo exterior es especialmente oscuro.

Urano

Umbriel

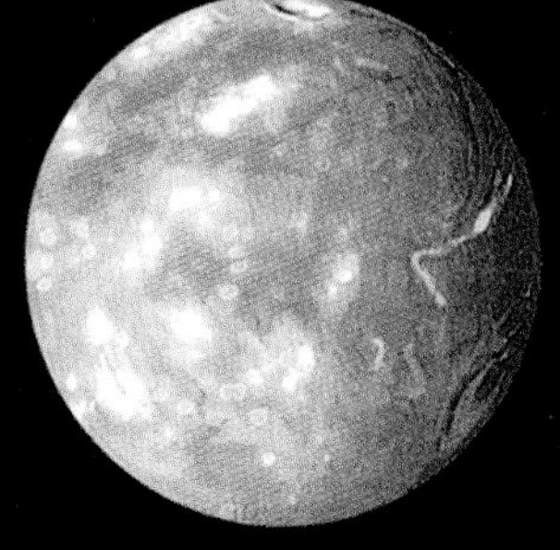

Titania

Oberón

¿De qué está hecho Urano?

La atmósfera de Urano está compuesta principalmente por hidrógeno, helio y pequeñas cantidades de otros gases. La atmósfera superior contiene mucho helio, que le da al planeta un color azul verdoso. Su núcleo es pequeño y rocoso.

Rotación y traslación

Urano gira sobre sí mismo a gran velocidad y solamente tarda 18 horas en dar una vuelta completa. La Tierra tarda 24 horas en girar una vez pero, como Urano es mucho mayor, un punto en su superficie se mueve en comparación mucho más rápido que un punto en la superficie de la Tierra.

Durante su órbita en torno al Sol, Urano se desplaza a unos 7 km por segundo. En comparación, la Tierra lo hace a casi 30 km por segundo.

Miranda

Urano y sus lunas

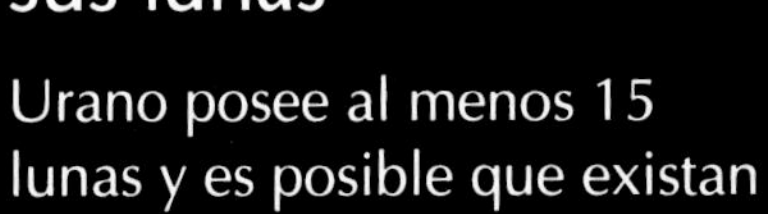

Urano posee al menos 15 lunas y es posible que existan más aún por descubrir.

Puedes observar las cinco lunas mayores en la parte superior de la página. Ariel y Umbriel son oscuras y llenas de cráteres; Titania tiene profundos y largos valles, Oberón está plagada de cráteres y Miranda es una pequeña bola de hielo de tan sólo 472 km con una superficie muy irregular. Los astrónomos creen que pudo haber sido dañada por un cometa.

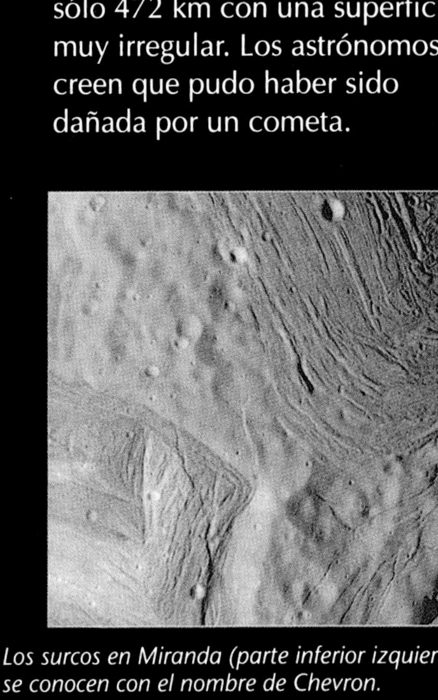

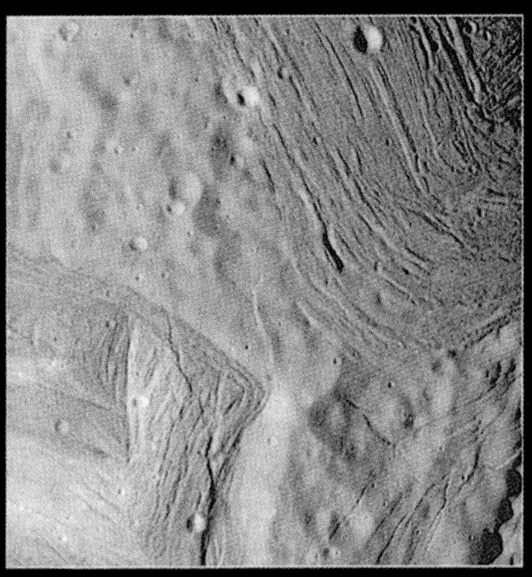

Los surcos en Miranda (parte inferior izquierda) se conocen con el nombre de Chevron.

NEPTUNO

Neptuno fue descubierto en 1846 por el astrónomo alemán Johann Gottfried Galle, y es el cuarto de los gigantes de gas. Su tamaño es ligeramente menor que el de Urano y gira una vez cada 16 horas.

Los planetas y las distancias entre ellos no están a escala.

Planeta lejano

Neptuno se encuentra a más de 4.500 millones de kilómetros del Sol. Al estar tan alejado, tarda casi 165 años terrestres en girar alrededor del Sol.

Neptuno no se ve a simple vista y con prismáticos parece una estrella. Incluso los telescopios potentes sólo muestran un pequeño círculo azulado.

¿Monótono?

Al estar tan alejado de la Tierra, hasta hace poco tiempo, los astrónomos no tenían detalles concretos de Neptuno y suponían que era un planeta sin rasgos distintivos.

Sin embargo, las cámaras de la sonda espacial Voyager 2 descubrieron que se parecía a los otros gigantes de gas. Por ejemplo, violentas tormentas también barren su superficie.

Manchas oscuras

En Neptuno se han observado varias manchas. La Gran Mancha Oscura, casi tan grande como la Tierra, puede ser una tormenta gigantesca, como la Gran Mancha Roja de Júpiter.

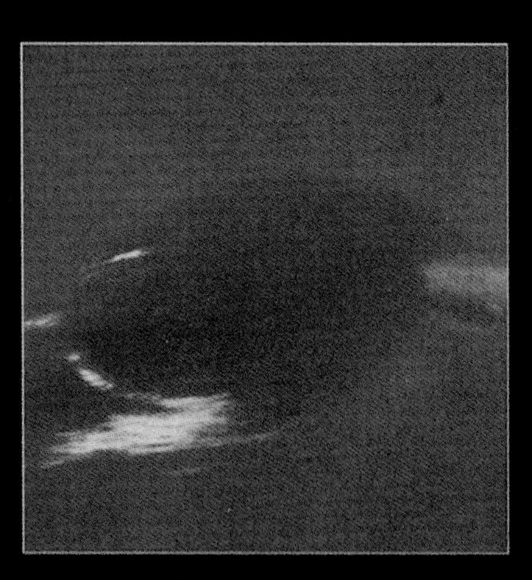

En 1989, la sonda Voyager 2 fue la primera en detectar la Gran Mancha Oscura, vista aquí en la fotografía superior. En la década de 1990, el telescopio espacial Hubble no la encontró. No se sabe porqué desapareció, ni si volverá a aparecer.

Fotografía de Neptuno tomada por el Voyager 2 en 1989.

Planeta azulado

El color azulado que tiene Neptuno se debe a la presencia del gas metano en su atmósfera. También hay hidrógeno, helio y agua en la atmósfera de Neptuno.

Se cree que Neptuno está formado por una mezcla de roca derretida, amoníaco líquido, agua y metano tras su atmósfera densa, espesa y llena de nubes.

Las lunas de Neptuno

Neptuno posee ocho lunas. Las dos mayores se llaman Tritón y Nereida. Tritón es más grande que Plutón. A diferencia de la mayoría de las demás lunas, Tritón recorre su órbita en dirección contraria a la rotación de Neptuno.

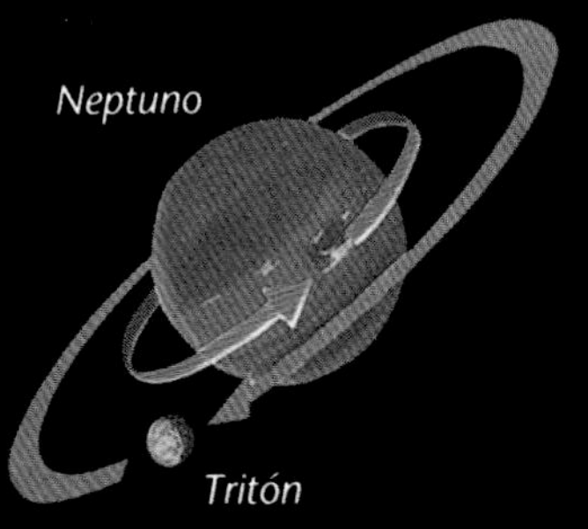

La mayor parte de la superficie de Tritón es lisa y brillante, con algunas rayas oscuras y hielo rosa en el polo sur. Su atmósfera es muy débil.

Esta fotografía de Tritón tomada por la sonda Voyager 2 muestra la zona lisa de su superficie a la izquierda y una zona con más agujeros a la derecha.

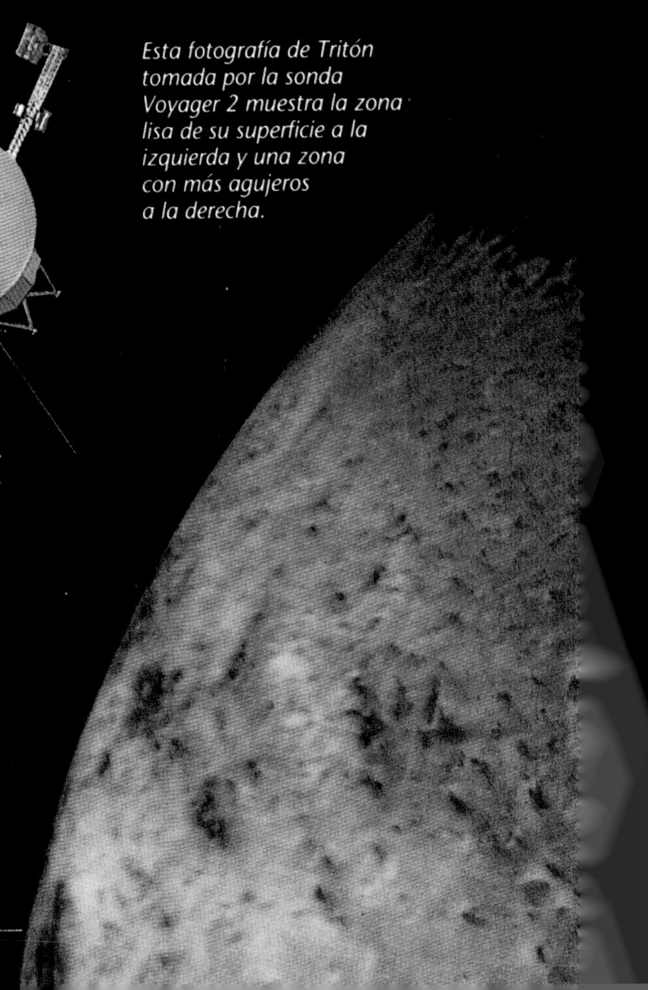

Superficie turbulenta

Nubes alargadas y finas recorren la superficie de Neptuno. Los vientos soplan a velocidades mayores que en cualquier otro planeta conocido del sistema solar. Cerca de la Gran Mancha Oscura los vientos pueden alcanzar los 2.000 km/h.

Hay una nube que gira con velocidad vertiginosa alrededor de Neptuno. Los científicos la han apodado "Scooter", que en inglés significa "ir muy rápido".

La mayoría de los datos que tenemos sobre Neptuno nos los proporcionó la sonda espacial Voyager 2, que pasó cerca del planeta en 1989. También descubrió que Neptuno está rodeado de varios anillos incompletos, tan oscuros que no se podían distinguir desde la Tierra.

PLUTÓN

Plutón no siempre es el planeta más alejado del Sol. Por tener una órbita muy ovalada, durante 20 de los 248 años que tarda en dar la vuelta al Sol, se sitúa más cerca de éste que Neptuno. Entre 1979 y 1999 Neptuno fue el planeta más alejado del Sol.

Los planetas y las distancias entre ellos no están a escala.

Planeta distante y difícil de observar

La distancia entre Plutón y el Sol es muy variable. Cuando se encuentra más cerca está a 4.425 millones de kilómetros, y cuando se encuentra más alejado está a 7.375 millones de kilómetros. Plutón es un planeta muy lejano, por lo que resulta muy difícil de observar desde la Tierra.

Incluso los más potentes telescopios muestran a Plutón como un círculo diminuto sin marcas distintivas en su superficie. Las fotografías del telescopio Hubble sugieren que es parecido a Tritón, una de las lunas de Neptuno. El diámetro de Plutón es de unos 2.274 km, menor que Tritón.

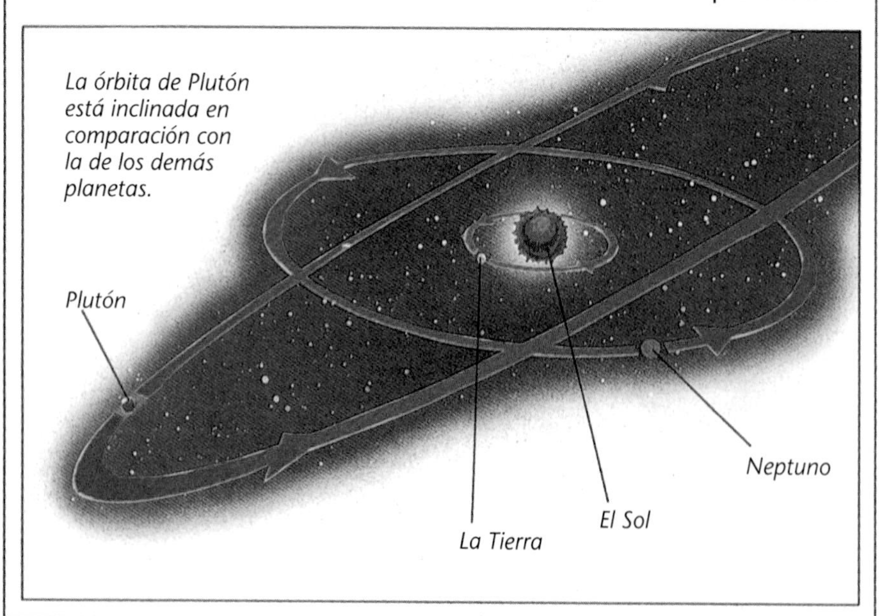

La órbita de Plutón está inclinada en comparación con la de los demás planetas.

En busca de Plutón

Los planetas se atraen entre ellos, lo que afecta al tamaño de sus órbitas. Antes de que se descubriera Plutón, los astrónomos creían que un planeta que no podían ver, más allá de Neptuno, atraía a Urano y Neptuno. En 1930, el norteamericano Clyde Tombaugh descubrió Plutón.

¿Existe otro planeta?

Los astrónomos aseguran que Plutón es demasiado pequeño como para afectar de forma considerable las órbitas de Urano y Neptuno. Algunos científicos aseguran que existe un décimo planeta que aún no ha sido descubierto. Al planeta misterioso se le llama Planeta X.

La luna de Plutón

Plutón sólo posee una luna, Caronte, descubierta en 1978, cuando se observó que Plutón parecía tener una forma muy alargada. Al examinar fotografías más detalladas, fue descubierta la enorme luna de Plutón.

Caronte es la mitad de grande que Plutón y ese tamaño, tan inusitado para una luna, hace creer a los astrónomos que Plutón y Caronte pueden ser dos planetas.

Plutón con Caronte, su única luna.

Casi unidos

En distancias espaciales, Caronte y Plutón están muy cercanos. Solamente les separan 20.000 km. La Tierra y la Luna están a 384.000 km de distancia.

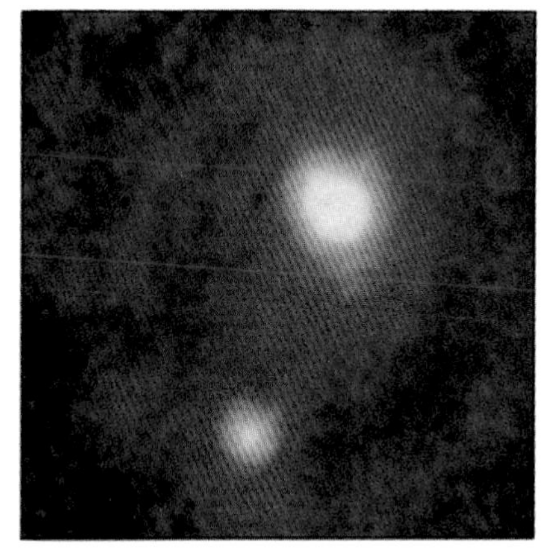

Plutón y Caronte tal y como se ven desde el telescopio espacial Hubble.

La atmósfera de Plutón

Las fotografías sugieren que Plutón posee una superficie de metano y nitrógeno helado. Es posible que también tenga una atmósfera débil. Los polos son más brillantes que el resto del planeta.

Los científicos piensan que, a medida que Plutón se aparta del Sol, su atmósfera podría helarse y caer sobre la superficie del planeta. La NASA tiene previsto enviar una sonda, llamada Pluto Express, para estudiar la atmósfera antes de que se hiele. El lanzamiento se hará a principios del siglo XXI.

El Planeta X

Muchos científicos opinan que, en caso de existir, el Planeta X debe de ser mayor que Plutón. Sin embargo, aún no se ha encontrado. Puede que esté demasiado lejos, tal vez al doble de la distancia entre el Sol y Plutón. Además, su órbita puede llevarle muy por encima o por debajo de las órbitas de los demás planetas.

Mas allá de Plutón se han detectado pequeños objetos celestes que formen quizá parte de un anillo de cuerpos helados llamado Nube de Kuiper.

La teoría de la Nube de Kuiper hace improbable la existencia del Planeta X, porque la atracción de Urano y Neptuno podría ser debida a Kuiper.

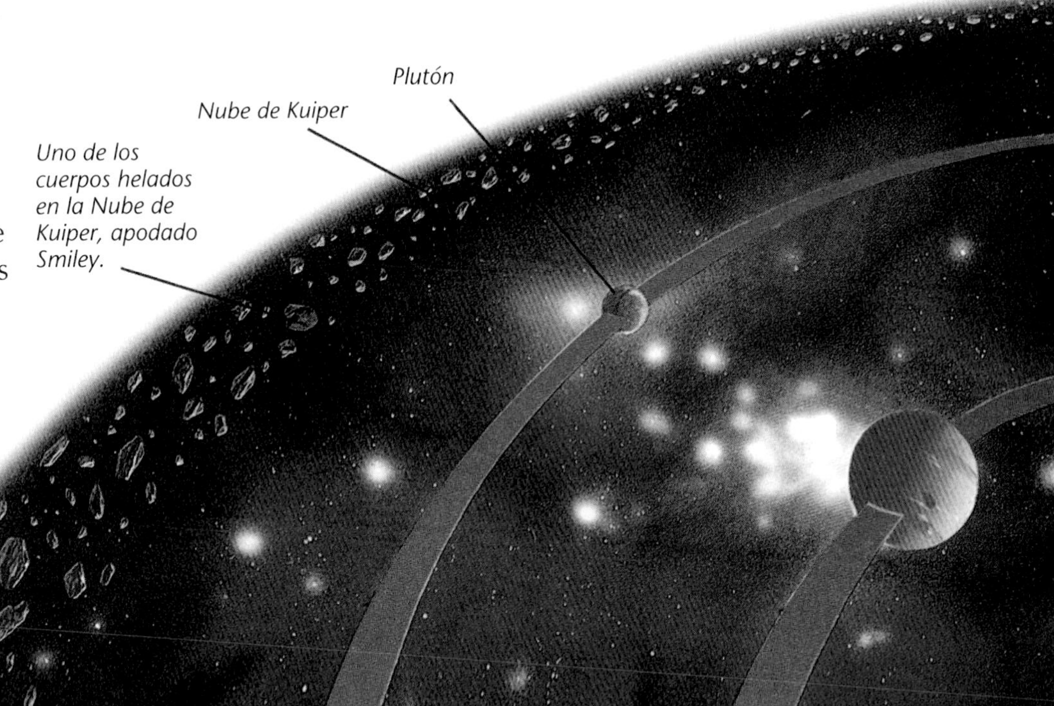

ASTEROIDES

Los asteroides son grandes fragmentos de roca o de roca y metal. Los científicos suponen que son pedazos que sobraron cuando se formó nuestro sistema solar, hace 5.000 millones de años.

Primer avistamiento

En 1801 el astrónomo italiano Piazzi observó con su telescopio un objeto en el espacio. Pensó que era un planeta pequeño y lo denominó Ceres.

Poco después, los astrónomos repararon en objetos parecidos, que brillaban de noche como estrellas débiles, y los llamaron asteroides, que significa "como estrellas".

Fotografiados de cerca

A la sonda espacial Galileo se deben las primeras imágines detalladas de un asteroide. En 1991 fotografió de cerca al asteroide Gaspra.

Las imágenes mostraron que Gaspra mide más de 20 km, tiene forma irregular y está salpicado de surcos y pequeños cráteres. Ver fotografía en la parte inferior de la página.

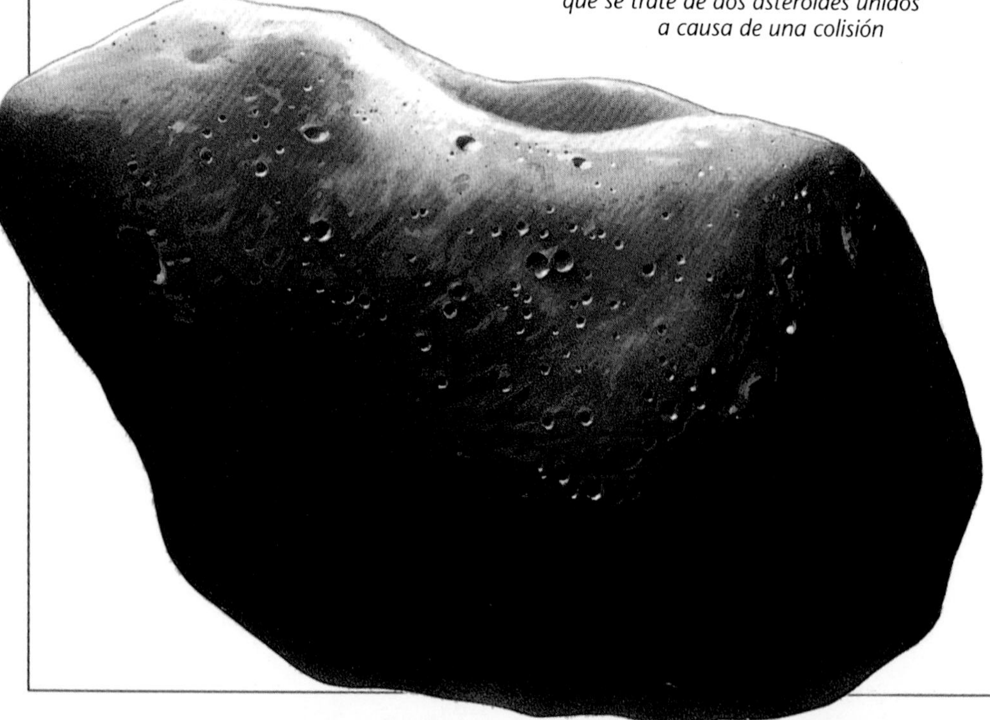

La sonda espacial Galileo mostró que Gaspra era oscuro, entre rojo y marrón, con zonas azuladas y grises. Es posible que se trate de dos asteroides unidos a causa de una colisión

Asteroide asesino

No es frecuente que los asteroides choquen contra la Tierra y dejen enormes cráteres. Los científicos piensan que un inmenso asteroide colisionó con la Tierra hace 65 millones de años, provocando más destrucción que varios miles de bombas nucleares.

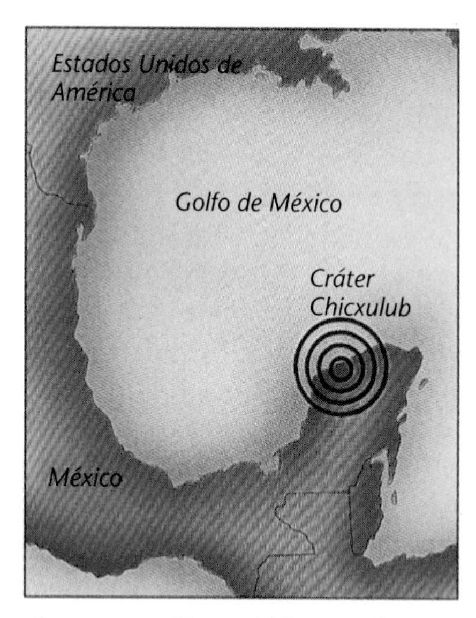

Se cree que el lugar del impacto fue el Cráter Chicxulub, en México

Es posible que el asteroide causara grandes oleajes en el mar e incendios en tierra firme, que ocultaron al Sol durante años. Muchas especies de plantas y animales, incluídos los dinosaurios, se extinguieron.

El Cinturón de Asteroides

La mayoría de los asteroides giran alrededor del Sol entre Marte y Júpiter, en una zona llamada el Cinturón de Asteroides. Está previsto que en el siglo XXI las sondas espaciales los estudien más de cerca.

¿Cuántos hay?

Hasta el momento, los astrónomos han catalogado las órbitas de unos 4.000 asteroides, aunque suponen que podría haber más de 10.000 de 100 km de ancho y un número aún mayor de otros más pequeños.

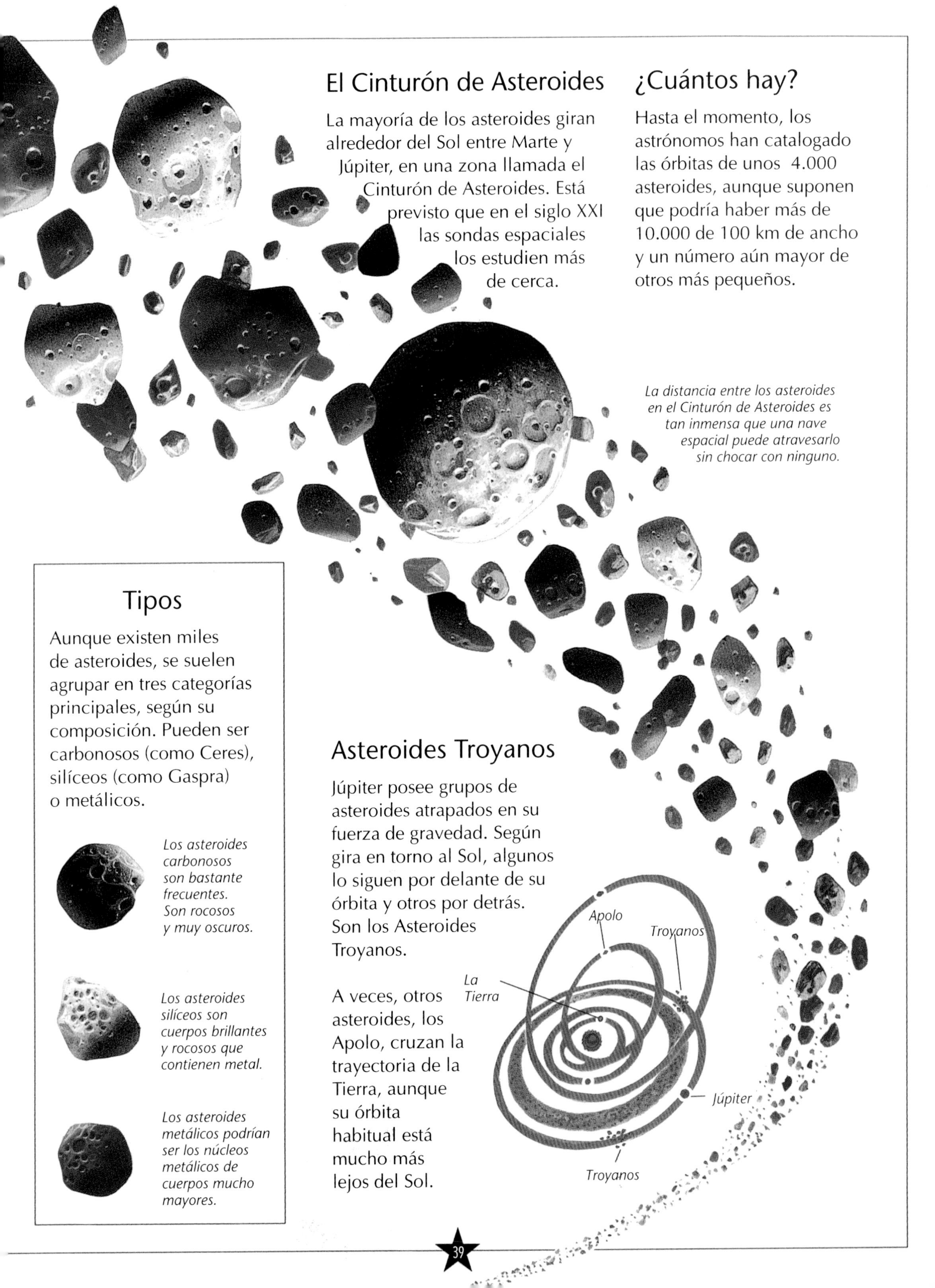

La distancia entre los asteroides en el Cinturón de Asteroides es tan inmensa que una nave espacial puede atravesarlo sin chocar con ninguno.

Tipos

Aunque existen miles de asteroides, se suelen agrupar en tres categorías principales, según su composición. Pueden ser carbonosos (como Ceres), silíceos (como Gaspra) o metálicos.

Los asteroides carbonosos son bastante frecuentes. Son rocosos y muy oscuros.

Los asteroides silíceos son cuerpos brillantes y rocosos que contienen metal.

Los asteroides metálicos podrían ser los núcleos metálicos de cuerpos mucho mayores.

Asteroides Troyanos

Júpiter posee grupos de asteroides atrapados en su fuerza de gravedad. Según gira en torno al Sol, algunos lo siguen por delante de su órbita y otros por detrás. Son los Asteroides Troyanos.

A veces, otros asteroides, los Apolo, cruzan la trayectoria de la Tierra, aunque su órbita habitual está mucho más lejos del Sol.

COMETAS Y METEOROS

En comparación con el Sol y los planetas, los cometas y los meteoros son diminutos. Los científicos creen que son pedazos sobrantes de materia sólida que quedaron en el espacio, al igual que los asteroides, cuando se formó el sistema solar. Se desplazan a gran velocidad y a veces pueden ser observados desde la Tierra.

Una de las colas más largas que se ha registrado en un cometa fue la del Gran Cometa de 1843. ¡Medía 330 millones de kilómetros!

Cometas

Los cometas son pedazos de hielo sucio mezclado con polvo y arena. Tienen órbitas ovaladas, por lo que pasan la mayor parte del tiempo alejados del Sol y sólo se acercan a él durante un período corto.

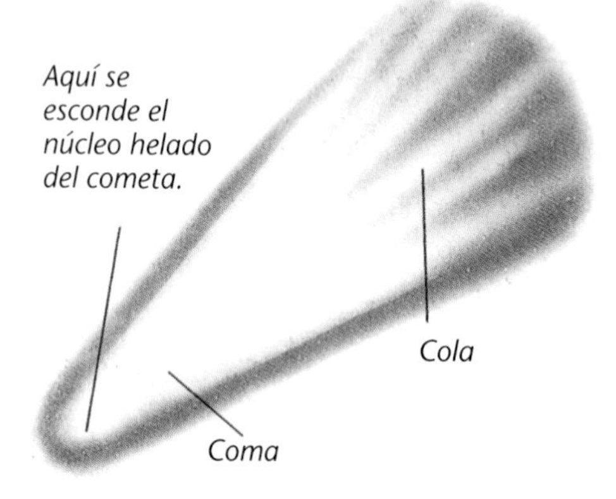

Cola resplandeciente

La parte sólida de un cometa (el núcleo) está rodeada de una nube de gases brillantes, la coma.

La coma se estira creando la cola, que se divide y parece una cabellera con delicadas curvas y remolinos.

¿Qué tamaño tienen?

La mayoría de los cometas tienen un núcleo de menos de 10 km.

A medida que el cometa se aproxima al Sol, la coma puede llegar a medir 80.000 km de longitud, y la cola 1 millón de km.

¿Cuándo se ven?

Los cometas sólo se ven desde la Tierra cuando pasan cerca del Sol. La mayoría parecen manchas de luz, incluso vistos a través de un telescopio.

Algunos cometas tienen órbitas muy largas, que los llevan a los confines del sistema solar, y se ven sólo cada varios miles de años. Los que tienen órbitas cortas pasan cerca del Sol con más frecuencia y resulta más fácil predecir su retorno.

El cometa más espectacular de los últimos cien años, visible con gran claridad entre 1995 y 1997, fue el cometa Hale-Bopp, con un núcleo de 40 km.

Cuando un cometa está alejado del Sol se encuentra en estado sólido, no tiene cola y recorre el espacio a gran velocidad, como una bola de nieve sucia.

En cuanto el cometa se acerca al Sol, sus rayos lo empiezan a derretir. El gas y el polvo que se desprenden del cometa producen una nube, llamada coma.

El viento solar, una corriente constante de partículas, sopla sobre el cometa y hace que se alargue parte de su coma, formando la espectacular cola luminosa.

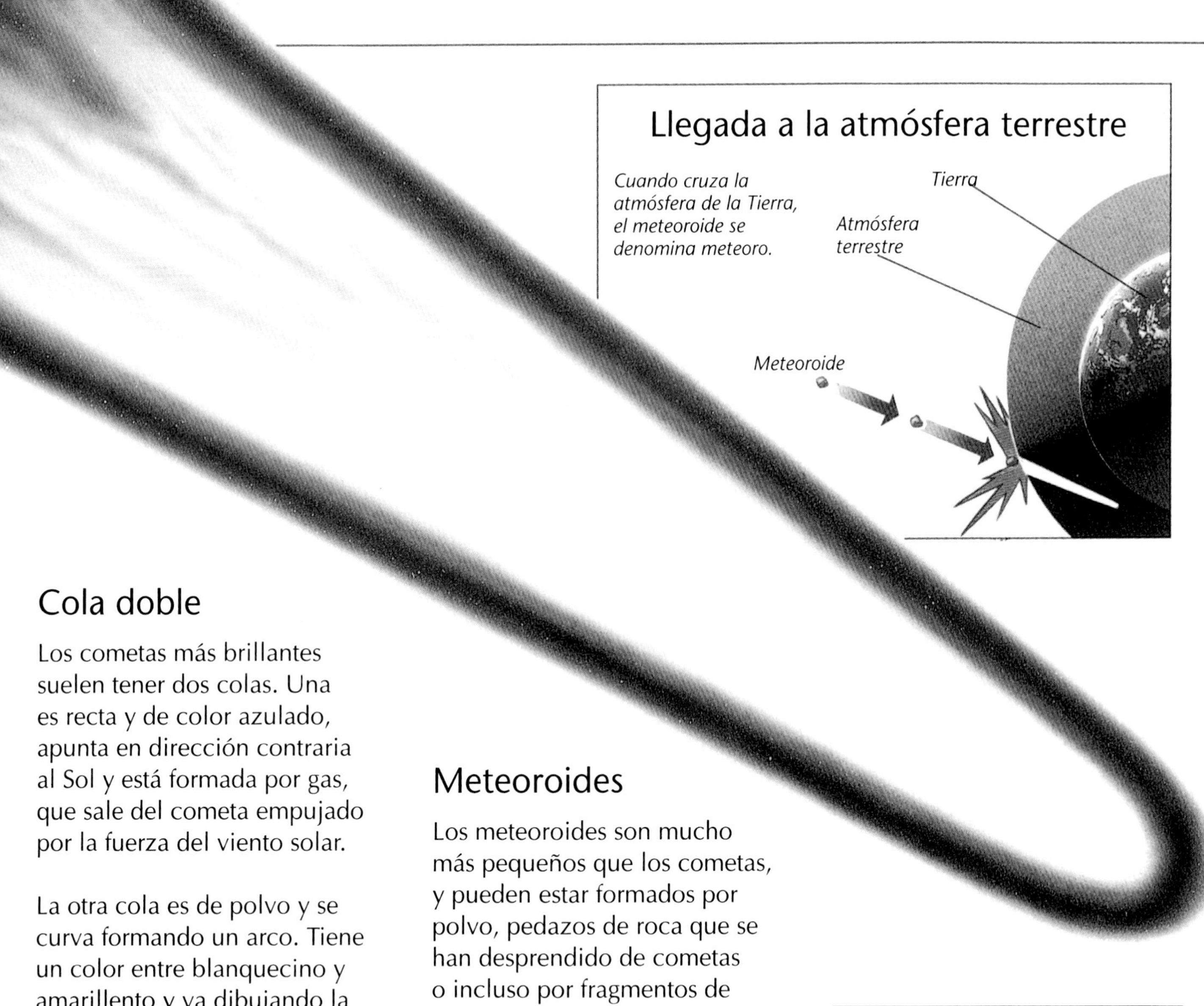

Cola doble

Los cometas más brillantes suelen tener dos colas. Una es recta y de color azulado, apunta en dirección contraria al Sol y está formada por gas, que sale del cometa empujado por la fuerza del viento solar.

La otra cola es de polvo y se curva formando un arco. Tiene un color entre blanquecino y amarillento y va dibujando la trayectoria del cometa.

Algunos cometas tienen más de dos colas. El cometa De Chéseaux, por ejemplo, tenía siete colas abiertas en forma de abanico.

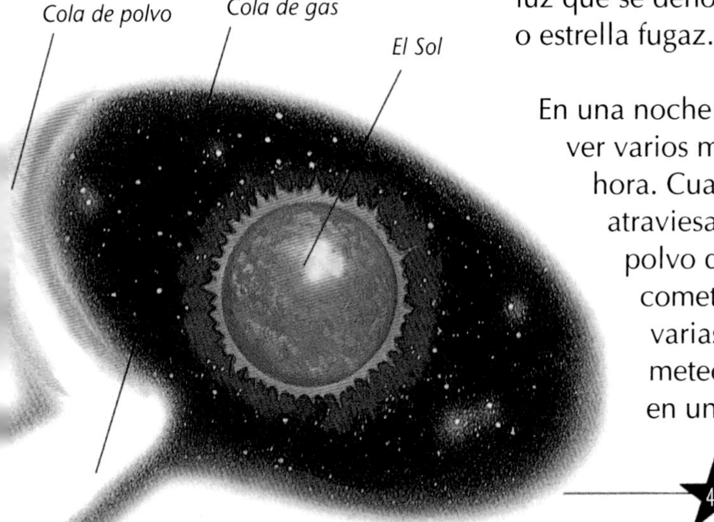

Meteoroides

Los meteoroides son mucho más pequeños que los cometas, y pueden estar formados por polvo, pedazos de roca que se han desprendido de cometas o incluso por fragmentos de asteroides.

Estrellas fugaces

Cuando la Tierra cruza la trayectoria de los meteoroides, éstos se desintegran en su atmósfera dejando una estela de luz que se denomina meteoro o estrella fugaz.

En una noche clara se pueden ver varios meteoros por hora. Cuando la Tierra atraviesa la estela de polvo que ha dejado un cometa se pueden ver varias docenas de meteoros cada hora en una sola noche.

Rocas del espacio

Hay fragmentos de meteoros que logran sobrevivir después de atravesar vertiginosamente la atmósfera terrestre. Caen a la Tierra en forma de rocas carbonizadas y se denominan meteoritos cuando impactan con el suelo. Por lo general, son muy pesados y de color oscuro. A menudo presentan algunas zonas oxidadas.

Los científicos estudian los meteoritos porque son muestras de rocas espaciales. Se sabe que la mayoría de los meteoritos están formados por roca, hierro o una mezcla de ambos.

AVENTURA ESPACIAL

Desde finales de los años cincuenta, se vienen lanzando cohetes al espacio para obtener información sobre el universo. Los EE.UU. y Rusia (la Unión Soviética antes de 1992) han financiado varias misiones espaciales que han permitido saber más sobre el espacio.

Skylab

Exploradores espaciales

Las exploraciones que despertaron más interés se llevaron a cabo entre 1968 y 1972, cuando los astronautas estadounidenses viajaron a la Luna con las misiones Apolo.

1969 fue el año en que Neil Armstrong y Buzz Aldrin se convirtieron en los primeros hombres en pisar suelo lunar en la misión Apolo XI.

El 16 de julio de 1969 se lanzó la misión Apolo XI a la Luna desde Cabo Kennedy. En la actualidad el Cabo Kennedy se denomina de forma oficial Centro Espacial Kennedy.

Estaciones espaciales

Las estaciones espaciales giran alrededor de la Tierra a una distancia aproximada de 400 km. Son laboratorios donde se llevan a cabo experimentos sin estar afectados por la gravedad terrestre.

La primera estación espacial norteamericana fue Skylab, lanzada en 1973. Mir, la mayor estación espacial soviética, se lanzó en 1986. Posee piezas especialmente diseñadas para unirse o separarse a la nave principal en el espacio, llamadas módulos.

La vida en el espacio

Los astronautas ya permanecen varios meses en las estaciones espaciales. Es imprescindible estudiar los efectos que tiene la ingravidez espacial en el cuerpo humano, para proteger a los astronautas que hagan los largos viajes, previstos para el siglo XXI, al planeta Marte.

Mir en apuros

En junio de 1997, una nave de abastecimiento chocó con Mir, causando un fallo en el suministro eléctrico. La tripulación se vió forzada a ahorrar energía hasta que un equipo de relevo logró solucionar el problema.

La fotografía inferior muestra la estación espacial Mir en órbita alrededor de la Tierra.

Satélites

El hombre tambien ha puesto en órbita alrededor de la Tierra ingenios espaciales, llamados satélites artificiales. Algunos obtienen datos sobre el espacio y los transmiten a los científicos en nuestro planeta. Otros, los de telecomunicación, recogen señales de radio, televisión o teléfono de la Tierra y las retransmiten a otros lugares del globo.

Sputnik

El primer satélite que salió al espacio fue el Sputnik, construido por la Unión Soviética y lanzado el 4 de octubre de 1957.

Su nombre oficial era "Satélite 1957 Alfa 2" y llevaba consigo un pequeño transmisor. Es más conocido con el nombre de Sputnik, que en ruso significa "pequeño viajero".

Hipparcos

El satélite artificial Hipparcos fue lanzado por la Agencia Espacial Europea en 1989, para obtener datos que permitieran trazar un mapa muy detallado del cielo. Hipparcos tardó tres años y medio en cumplir su misión. Gracias a los datos obtenidos por este satélite, publicados en 1997, los astrónomos han podido calcular a qué distancia se encuentran miles de estrellas y de cuerpos celestes, con más exactitud que nunca.

Sondas planetarias

Desde los años sesenta, se están lanzando sondas para explorar el sistema solar. Han transmitido una gran cantidad de informacion inédita sobre los planetas. La misión Galileo a Júpiter, enviada por la NASA en 1989, fue una de las más ingeniosas. Galileo llevaba otra sonda más pequeña, que se separó de la "nave madre" para estudiar la atmósfera del planeta.

Tal y como esperaban los científicos, la sonda Galileo fue destruida mientras completaba sus estudios sobre las tormentas de Júpiter.

Pioneer 10, lanzada para estudiar Júpiter, y Pioneer 11, para observar Saturno, viajaron más lejos que ninguna otra sonda espacial. Tras completar sus misiones, salieron del sistema solar.

La parte central de la sonda Galileo, con sensores atmosféricos y otros instrumentos científicos.

Esta parte protegió los sensibles instrumentos de medición de la sonda cuando ésta entró en la atmósfera de Júpiter.

ASTRÓNOMOS FAMOSOS

Claudio Tolomeo

Nacimiento: 120 d.C., Grecia.
Muerte: 180 d.C
Dio nombre a muchas de las constelaciones. Creía que el Sol y los planetas giraban alrededor de la Tierra. Sus ideas fueron aceptadas durante los siguientes 1.400 años.

Nicolás Copérnico

Nacimiento: 1473, Polonia.
Muerte: 1543
Desarrolló la teoría de que los planetas giraban alrededor del Sol, que originó una gran polémica científica y religiosa.

Tycho Brahe

Nacimiento: 1546, Dinamarca
Muerte: 1601
Observó una supernova (ver página 53) en 1572. Debido a sus creencias religiosas, trató de negar las teorías de Copérnico, aunque sospechaba que éste tenía razón, pero no lo consiguió.

Galileo Galilei

Nacimiento: 1564, Italia.
Muerte: 1642
Gracias a la reciente aparición del telescopio dibujó la Luna, los anillos de Saturno y cuatro de las lunas de Júpiter. Demostró que era cierta la teoría de Copérnico.

Johannes Kepler

Nacimiento: 1571, Alemania.
Muerte: 1630
Publicó tres leyes del movimiento de los planetas entre 1609 y 1619. Se le considera uno de los fundadores de la astronomía moderna.

Isaac Newton

Nacimiento: 1643, Inglaterra.
Muerte: 1727
Descubrió la ley de la gravedad, que demostraba que se podía predecir el movimiento de las estrellas y los planetas. La astronomía se convirtió en una ciencia mucho más exacta.

William Herschel

Nacimiento: 1738, Alemania.
Muerte: 1822
En marzo de 1781 descubrió Urano con un telescopio que él mismo había construido. Tal hallazgo indicó que el sistema solar era mucho mayor de lo que se había creído hasta la fecha.

Albert Einstein

Nacimiento: 1879, Alemania.
Muerte: 1955
Revolucionó la ciencia de principios del siglo XX con sus teorías y descubrimientos en el campo de la Física. Sus ideas cambiaron la forma de estudiar e imaginar el universo.

Edwin Hubble

Nacimiento: 1889, EE.UU.
Muerte: 1953
Reveló que el universo es mayor de lo que se creía e introdujo las primeras teorías de un Big Bang.

Clyde Tombaugh

Nacimiento: 1906, EE.UU.
Muerte: 1997
En 1930 descubrió Plutón, el noveno planeta del sistema solar y el más lejano.

Arno Penzias y Robert Wilson

Nacimiento de Penzias: 1933, Alemania.
Nacimiento de Wilson: 1936, EE.UU.
Descubrieron evidencia de la gran explosión inicial, haciendo creíbles las teorías de Hubble.

Carl Sagan

Nacimiento: 1935, EE.UU.
Muerte: 1997
Popularizó la astronomía y escribió varios libros de gran éxito y programas de televisión sobre el tema.

Stephen Hawking

Nacimiento: 1942, Inglaterra.
Se le considera el científico más destacado desde Einstein. Muy conocido por sus estudios de los agujeros negros.

LAS ESTRELLAS

Un astrónomo contempla las estrellas con la Vía Láctea al fondo

GRUPOS DE ESTRELLAS

Las estrellas no se encuentran desperdigadas por el universo al azar. Se agrupan en galaxias que contienen billones de estrellas. El sistema solar forma una pequeña parte de la galaxia llamada Via Láctea.

Galaxias

Las galaxias tienen formas diversas. Las cuatro formas más comunes son: espirales, espirales barradas, elípticas e irregulares.

Un tercio de todas las galaxias conocidas tienen forma de espiral, y la mayor parte de los astrónomos están de acuerdo en afirmar que la Vía Láctea también es una espiral.

Utilizando telescopios muy sofisticados, ha sido posible descubrir recientemente otras galaxias más grandes, pero con menores concentraciones de estrellas. Los astrónomos las llaman galaxias de baja intensidad luminosa, porque no despiden mucha luz.

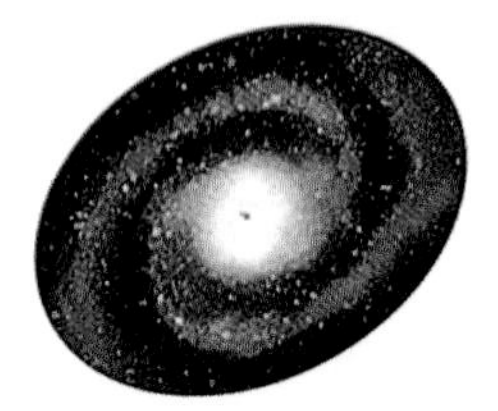

Una galaxia espiral tiene un núcleo brillante y dos o más brazos de estrellas enrollados.

Una galaxia espiral barrada tiene una barra central y un brazo a cada lado.

Una galaxia elíptica está muy poblada de estrellas rojas viejas, con poco gas o polvo. Estas galaxias pueden ser ovaladas o circulares.

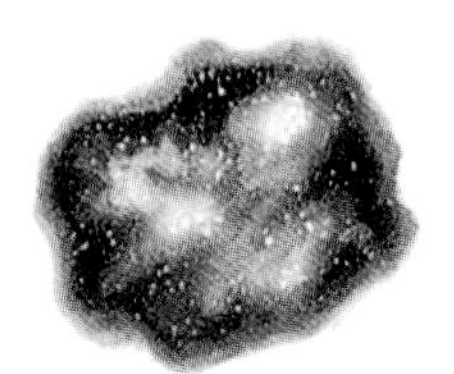

Una galaxia irregular no tiene forma fija. Estas galaxias parecen enormes nubes de estrellas.

La galaxia espiral M100, a una distancia de la Tierra de 30 millones de años luz.

Las galaxias más próximas

Las galaxias más cercanas a nuestra Vía Láctea son la Gran Nube de Magallanes y la Pequeña Nube de Magallanes, ambas irregulares. Les sigue la galaxia espiral de Andrómeda, el cuerpo celeste más distante a simple vista, que se encuentra a 2,9* millones de años luz.

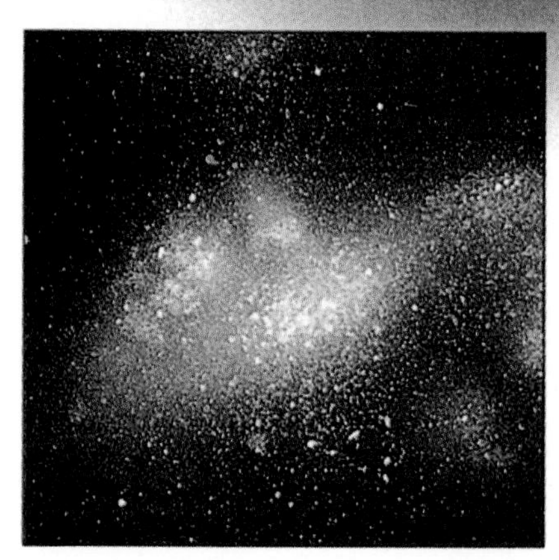

La Gran Nube de Magallanes (centro) y la Pequeña Nube Magallanes (arriba).

** Distancia tomada de la lectura del satélite Hipparcos.* *Ver página 43.*

Mirar las galaxias

Cuando miras hacia una galaxia, lo que ves es la luz combinada de sus miles de millones de estrellas. Con un pequeño telescopio la mayoría de las galaxias parecen borrones de luz, pero se pueden ver mucho mejor con telescopios potentes.

Grupos de galaxias

Las galaxias no están desperdigadas por el universo, sino que están agrupadas en cúmulos. El nuestro se denomina Grupo Local, y es relativamente pequeño: unas 30 galaxias en una extensión de 5 millones de años luz.

Imagen de la galaxia de la Rueda de Carro, en la constelación de Sculptor, tomada con el telescopio espacial Hubble. Se encuentra a 500 millones de años luz.

Colisión espacial

La galaxia de la Rueda de Carro, fotografiada arriba, es una enorme galaxia de 150.000 años de luz de extensión. Su extraña forma se originó cuando una galaxia más pequeña chocó contra ella. El anillo exterior es un inmenso círculo de gas y polvo que surgió del núcleo tras la colisión. Su forma primitiva de espiral se está empezando a restablecer.

Cúmulos de estrellas

En las galaxias, las estrellas se agrupan en cúmulos, que pueden ser de dos tipos. Los cúmulos abiertos (fotografía inferior) están formados por estrellas brillantes jóvenes, que se acaban de formar y se encuentran bastante juntas.

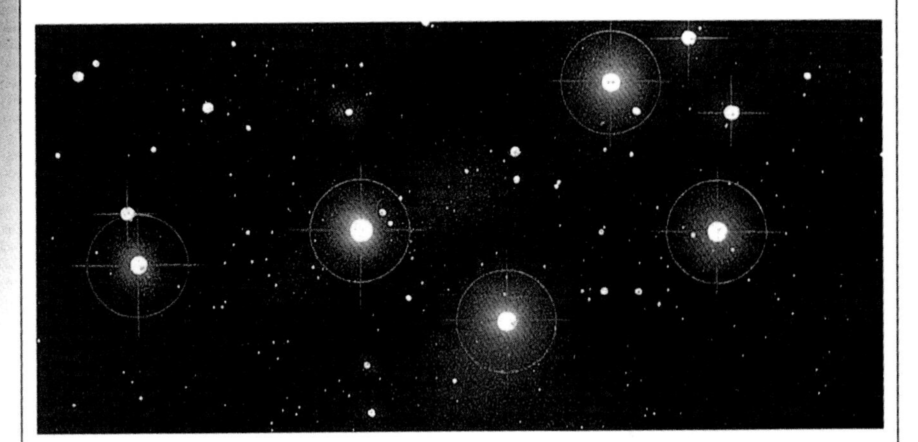

Las Pléyades, en la constelación de Taurus, es un cúmulo abierto.

Los cúmulos globulares son mucho mayores que los cúmulos abiertos. Tienden a encontrarse esparcidos por encima y por debajo del núcleo de una galaxia. Se conocen unos 150 cúmulos globulares en nuestra galaxia, que contienen hasta un millón de estrellas cada uno.

Cúmulo globular. A simple vista los cúmulos globulares parecen estrellas débiles.

LA VÍA LÁCTEA

Si comparamos nuestra galaxia, la Vía Láctea, con otras, resulta relativamente grande. Mide unos 100.000 años luz aproximadamente. La Tierra y el resto del sistema solar se encuentran a unos 28.000 años luz del núcleo de la Vía Láctea.

La Tierra y el sistema solar están situados en esta zona de la Vía Láctea.

Espiral giratoria

La mayoría de los astrónomos creen que la Vía Láctea es una galaxia espiral, aunque algunos opinan que se trata de una galaxia espiral barrada.

Al igual que todas las galaxias espirales y espirales barradas, la Vía Láctea gira. Cerca del núcleo lo hace más rápido que en los extremos. El sistema solar gira en el centro de la galaxia una vez cada 225 millones de años aproximadamente. Según esta teoría, el sistema solar tan sólo ha girado una vez desde que los dinosaurios habitaron la Tierra.

Para ver la galaxia

Si miras hacia el cielo en una noche despejada podrás ver una franja compacta de estrellas. En la antigüedad la gente creía que esta banda parecía leche derramada y de ahí el nombre de la galaxia. Cuando miras hacia la franja estás mirando hacia el núcleo de la Vía Láctea, llamada también Camino de Santiago.

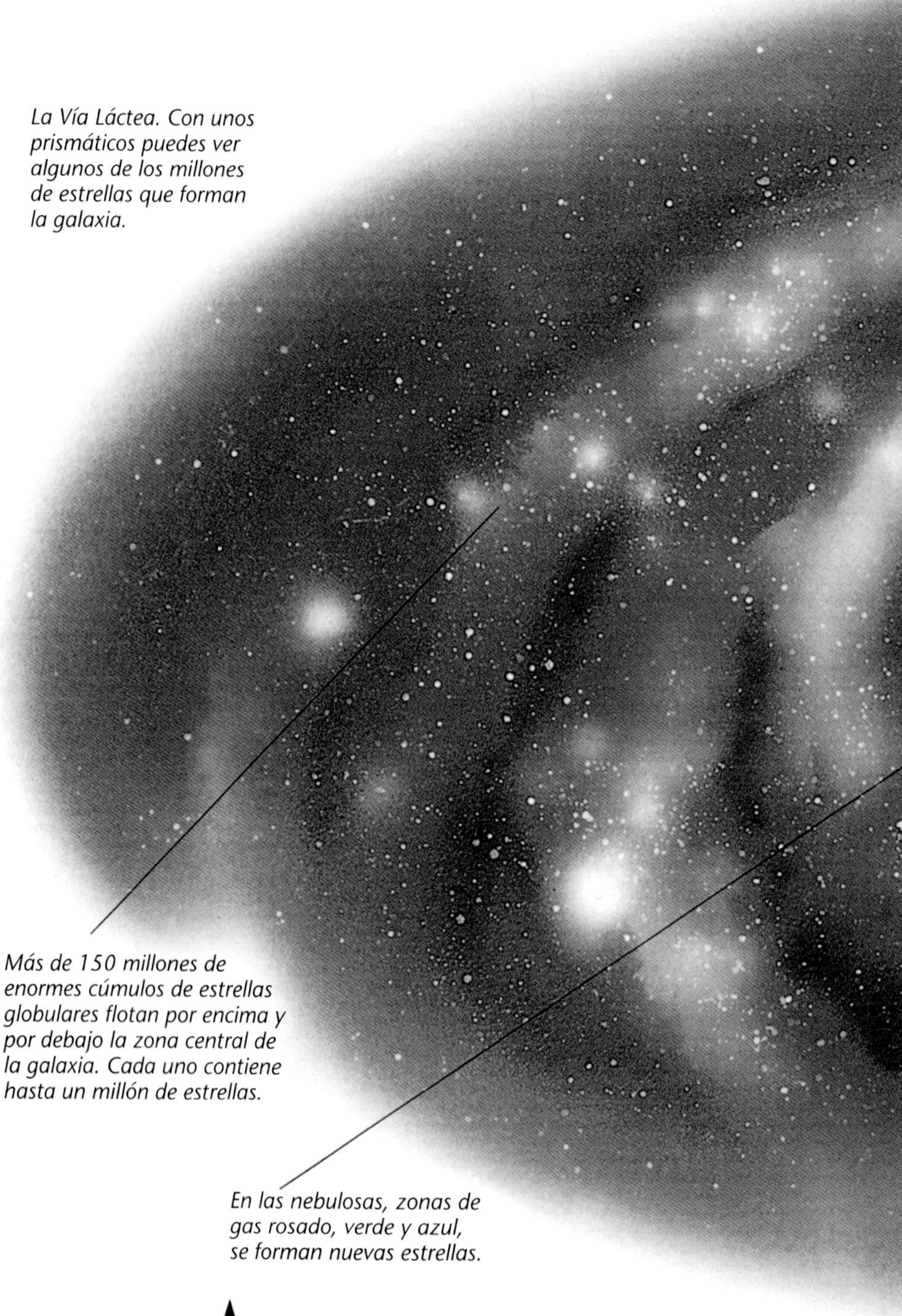

La Vía Láctea. Con unos prismáticos puedes ver algunos de los millones de estrellas que forman la galaxia.

Más de 150 millones de enormes cúmulos de estrellas globulares flotan por encima y por debajo la zona central de la galaxia. Cada uno contiene hasta un millón de estrellas.

En las nebulosas, zonas de gas rosado, verde y azul, se forman nuevas estrellas.

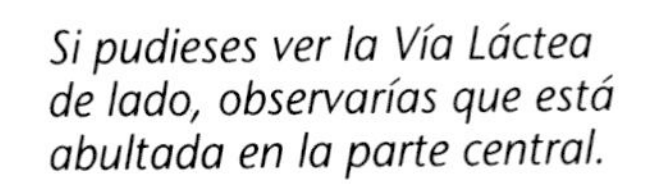

Si pudieses ver la Vía Láctea de lado, observarías que está abultada en la parte central.

Cuándo observarla

En el hemisferio norte la Vía Láctea se observa mejor entre los meses de julio y septiembre. También tiene un aspecto extraordinario en las noches sin luna de pleno invierno.

En el hemisferio sur la Vía Láctea presenta el aspecto más espectacular entre octubre y diciembre, que es cuando más parece leche derramada en el cielo.

NACIMIENTO

Los astrónomos han descubierto cómo se forman las estrellas mediante la observación de los miles de estrellas distintas que se pueden ver desde la Tierra. Las estrellas cambian durante su vida y, finalmente, mueren.

¿Dónde nacen las estrellas?

Las estrellas se forman en enormes nubes de gas y de polvo, llamadas nebulosas, que pueden ser oscuras o brillantes. Las nebulosas oscuras son de polvo principalmente y no dejan ver la luz de las estrellas que hay detrás. Parecen manchones oscuros en el firmamento.

La mayoría de las nebulosas sólo se pueden ver con un telescopio, aunque la nebulosa M42 se puede observar con prismáticos. Se encuentra en Orión (ver página 69).

Esta nebulosa oscura, la Cabeza del Caballo, se observa en contraste con una nebulosa luminosa. También se encuentra en la constelación de Orión, aunque necesitas un telescopio potente para poder verla.

La nebulosa de la Cabeza del Caballo

Esta nebulosa luminosa se denomina Trífida. Los gases en su interior están tan calientes que hacen que las nubes de gas a su alrededor brillen con atractivos colores: el hidrógeno de color rosado y el oxígeno azul verdoso. Para observarla necesitas

La nebulosa Trífida

Estas columnas de gas y polvo forman parte de la M16, o nebulosa del Águ

La formación de las estrellas

Antes de que las estrellas se empiecen a formar en una nebulosa, las nubes de gases y polvo giran en círculos para después unirse en grupos cada vez mayores.

Imagen tomada con el telescopio espacial Hubble, que muestra una nebulosa en la galaxia irregular NGC 2366, a unos 10 millones de años luz de distancia.

La estrella más luminosa visible en esta nebulosa podría ser 60 veces mayor que el Sol.

Colapso de las nubes

Finalmente tiene lugar un colapso en las nubes de gas. Algunos astrónomos opinan que ésto ocurre cuando las nubes atraviesan los brazos de una galaxia espiral.

Otros sugieren que la onda de choque producida por la explosión de una estrella (una supernova – ver página 53) podría originar tal colapso.

Estrella luminosa

Durante el colapso de la nube, su temperatura va aumentando y, al cabo de miles de años, se forma un núcleo ardiente. La temperatura del núcleo aumenta aún más y en su interior ocurren reacciones nucleares, que hacen que los gases empiecen a brillar. Así nace una nueva estrella. La mayoría son radiantes y muy calientes aunque existen estrellas más frías y menos brillantes.

Gases y polvo en rotación

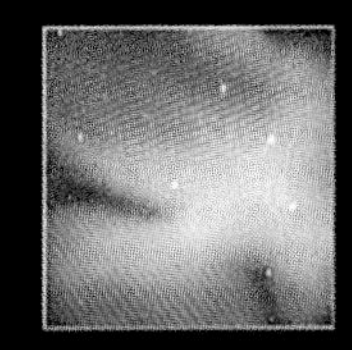

Colapso de las nubes

Formación de un núcleo caliente

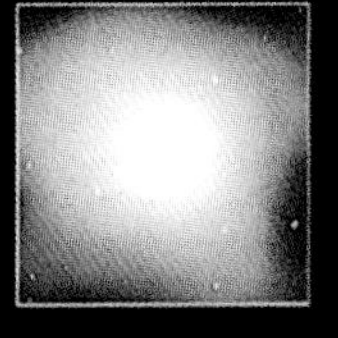

Nacimiento de una nueva estrella

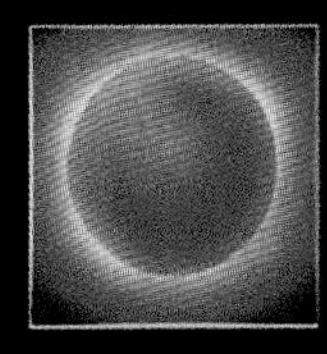

Estrella madura

El Sol

Al principio, la mayoría de las estrellas jóvenes brillan con mucha intensidad y durante millones de años son blancas o azules.

Su actividad se normaliza a medida que envejecen. Brillan menos, pero de forma más constante. Éste es el caso de nuestro Sol, que se encuentra hacia la mitad de sus 10.000 millones de años de vida.

VIDA Y MUERTE

Las estrellas brillan con distinta intensidad y color. Las más calientes tienen un resplandor azul y cuanto más pequeño sea el tamaño de una estrella, más tiempo le queda de vida.

La nebulosa del Ojo de Gato. Las zonas rojas y verdes son nubes de gas denso y luminoso.

Duración

Las estrellas como el Sol tienen una vida de unos 10.000 millones de años. Las estrellas menores que el Sol, llamadas estrellas enanas, viven más tiempo.

Las estrellas gigantes, que son más grandes que el Sol, y las llamadas supergigantes, que son aún más grandes, sólo duran unos cuantos millones de años.

La estrella de Barnard, en la constelación de Ophiuchus (ver página 65), es una estrella enana más fría que el Sol.

El Sol es una estrella amarilla.

Arcturus, en la constelación de Bootes (ver página 63) es una estrella gigante naranja.

Este dibujo compara el tamaño de algunas estrellas luminosas, entre ellas el Sol.

Rigel en la constelación de Orión (ver página 63) es una estrella supergigante azul caliente.

Muerte de una estrella

Llega un momento en que los gases de una estrella se acaban y ésta muere. Cuando esto ocurre, estrellas del tamaño del Sol (o menores) se hinchan y se vuelven rojas. Se conocen con el nombre de gigantes rojas.

Lentamente expulsan sus capas de gas exteriores, las nebulosas planetarias*, hacia el espacio.

Enana blanca

Queda una estrella agonizante, una enana blanca, tan grande como un planeta y demasiado densa y pesada para su tamaño - como una pelota de golf con el peso de un camión.

La gran densidad genera una enorme gravedad, y la enana blanca se va enfriando hasta desaparecer.

**La nebulosa planetaria no está relacionada con los planetas.*

Una muerte explosiva

Las estrellas más grandes que el Sol acaban su vida de manera espectacular. Primero aumentan de tamaño, hasta convertirse en estrellas rojas masivas, las supergigantes rojas. Después estallan con una catastrófica explosión, llamada supernova.

Durante el último milenio se pudieron observar en nuestra galaxia cuatro supernovas. Antes de desaparecer, brillaron varios días con más intensidad que ningún otro cuerpo celeste a su alrededor.

Densa y muy pesada

La supernova produce una capa de gases y polvo en rápida expansión, con una pequeña estrella girando en el centro. Es una estrella de neutrones, aún más densa y pesada que una enana blanca, (como si una pelota de golf fuera más pesada que un rascacielos).

Algunas estrellas de neutrones emiten rayos radiantes mientras la estrella gira. Estas estrellas se denominan púlsares.

Imagen digital de la nebulosa del Cangrejo, que es el resto de la explosión de una supernova ocurrida hace más de 900 años. Mide diez años luz y se encuentra a una distancia de 7.000 años luz, en la región de Taurus. En su núcleo se encuentra el púlsar del Cangrejo, una estrella de neutrones.

Agujeros negros

Cuando las estrellas de mayor tamaño mueren forman las supergigantes rojas que, a su vez, explotan creando una supernova. Durante su colapso, sin embargo, se encogen tanto que llegan a desaparecer del universo. Es posible que se conviertan en lo que se denominan agujeros negros: huecos sin fondo de los que nada puede escaparse.

Succionado

Comparados con los planetas o las estrellas, los agujeros negros son diminutos, del tamaño de una ciudad mediana. Pero son tan densos y pesados que su fuerza de gravedad es capaz de atraer y succionar todo, incluso la luz.

Por lo tanto, no se pueden ver y todo lo que se acerque a un agujero negro acaba siendo devorado. Algunos científicos creen que en el centro de la Via Láctea hay un agujero negro, rodeado de antiguas estrellas rojas.

LAS VARIABLES

La luminosidad de algunas estrellas parece variar de forma gradual. Estas estrellas se denominan estrellas variables, y se distinguen tres clases: variables pulsantes, variables de eclipse y variables explosivas.

Algol, llamada también Cabeza del Demonio, es la estrella variable más conocida. En realidad son dos estrellas que orbitan una en torno a la otra. Por eso Algol parece brillar y apagarse.

Cómo observar estrellas variables

Hay que observar una estrella variable durante varios días, semanas o incluso meses para verla realizar un ciclo o período completo de cambios. Comparar la estrella variable con otra estrella cercana que no lo sea te puede ayudar a comprobar si cambia la intensidad de su brillo. Los ciclos de algunas estrellas variables son regulares, mientras que los de otras son más imprevisibles.

Variables pulsantes

Las estrellas variables pulsantes se contraen y se dilatan, liberando más luminosidad cuando están dilatadas y menos cuando no lo están. Cambian de tamaño y de temperatura y suelen ser estrellas gigantes o supergigantes.

Los dibujos de la derecha muestran a Mira, una estrella variable pulsante de la constelación de Cetus.

Marzo

Mayo

Julio

Septiembre

Variables eclipsantes

Algunas de las estrellas variables no son una estrella única sino una pareja de estrellas, llamadas binarias o dobles físicas. Orbitan la una alrededor de la otra como si bailaran, atraídas por la fuerza de gravedad.

Cuando una estrella se cruza por delante de la otra oculta, o eclipsa, su luz. Desde la Tierra la estrella se ve menos luminosa.

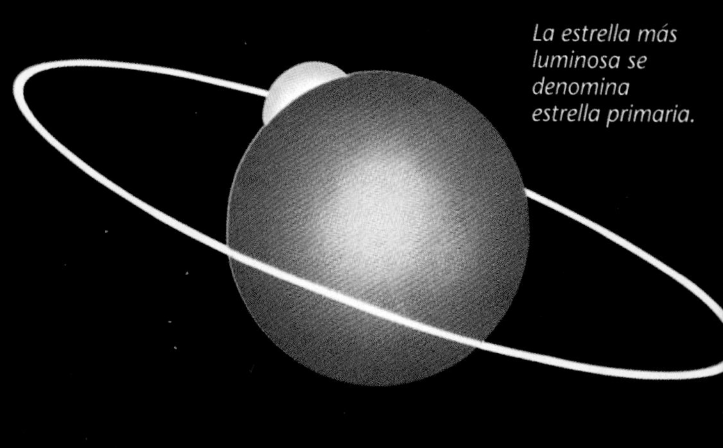

La estrella más luminosa se denomina estrella primaria.

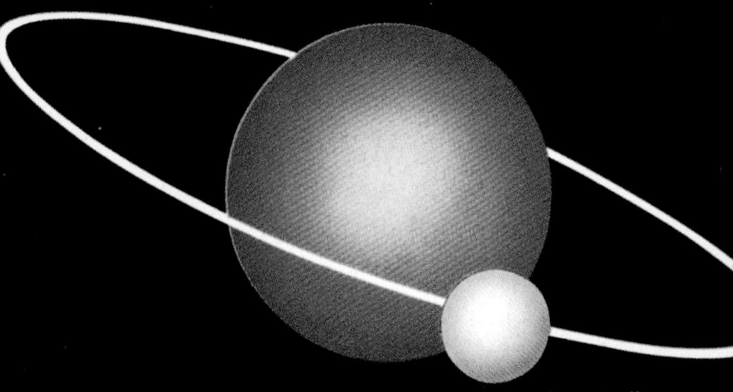

La estrella menos luminosa se denomi estrella secundaria.

Variables explosivas

Son estrellas binarias muy juntas. Cuando la gravedad de una de ellas (generalmente una enana blanca) atrae materia de la otra (normalmente una gigante roja), se genera un enorme e imprevisto aumento de luminosidad a causa de violentas reacciones nucleares.

Estrellas UV Ceti

Uno de los tipos de variables explosivas es la nova. La nova brilla de repente y vuelve a su luminosidad inicial en unos meses, o incluso años si el brillo era muy intenso. Las novas pueden llegar a ser tan luminosas que pueden parecer estrellas nuevas.

Las novas son poco corrientes. En una galaxia como la nuestra ocurren unas 25 al año, aunque solamente se han observado 37 a simple vista desde el año 1600.

Sistemas múltiples

Los sistemas con más de dos estrellas se denominan sistemas múltiples. Hay estrellas que pueden parecer binarias, pero que resultan ser múltiples cuando se observan con prismáticos o un telescopio. Vista a través de un telescopio, la estrella Theta Orionis (en la constelación de Orión, ver página 69) resulta ser cuatro estrellas distintas, denominadas el Trapecio

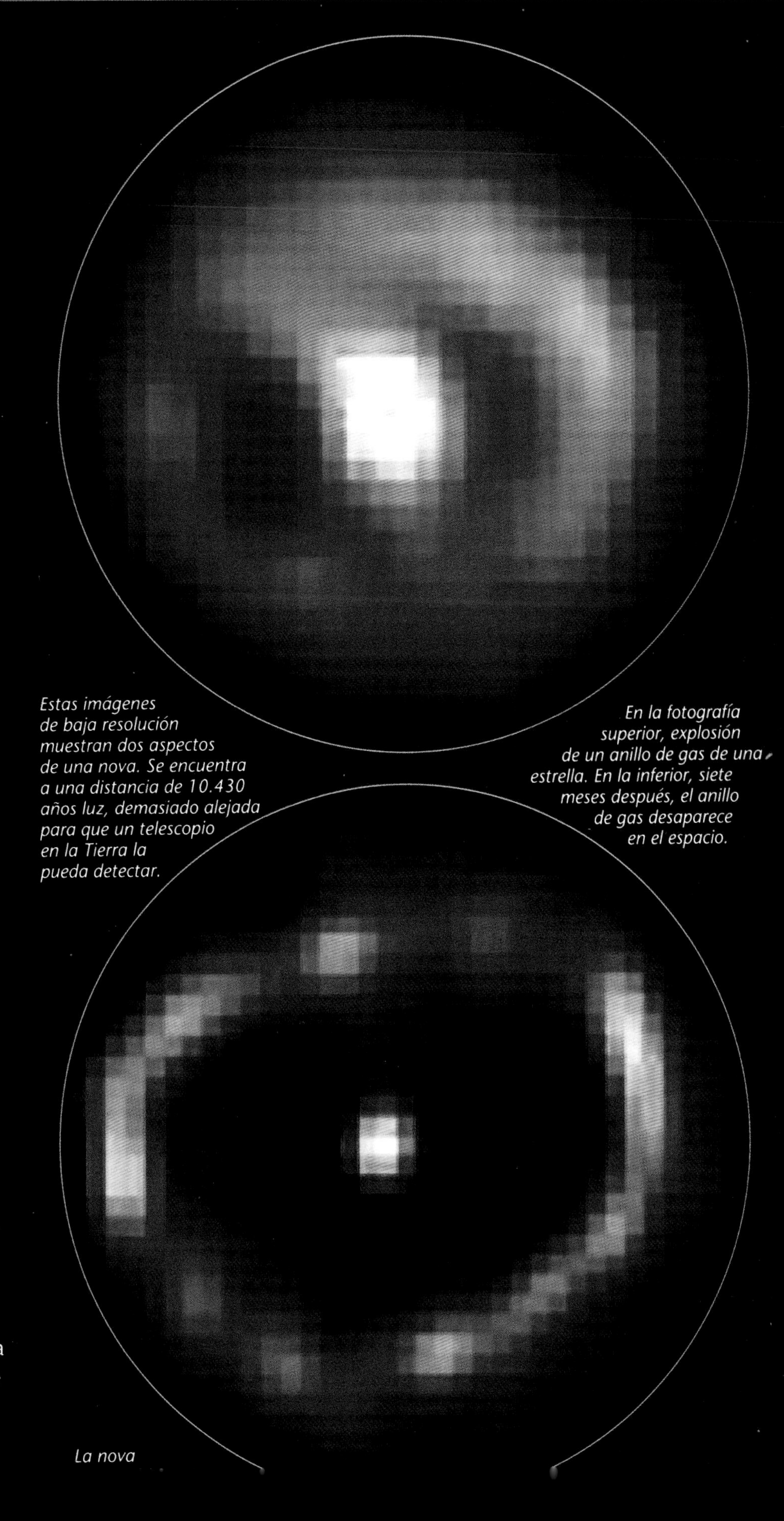

Estas imágenes de baja resolución muestran dos aspectos de una nova. Se encuentra a una distancia de 10.430 años luz, demasiado alejada para que un telescopio en la Tierra la pueda detectar.

En la fotografía superior, explosión de un anillo de gas de una estrella. En la inferior, siete meses después, el anillo de gas desaparece en el espacio.

La nova

CONSTELACIONES

Las antiguas civilizaciones notaron que algunas estrellas formaban figuras, llamadas constelaciones. Aunque a simple vista parecen un revoltijo de estrellas, podrás distinguirlas con un poco de práctica.

Siete estrellas, de la cola al centro, forman una figura más pequeña, el Carro, en Ursa Maior.

Ursa Maior, también conocida como Osa Mayor. Se ha dibujado la silueta imaginaria de un oso en el contorno de la constelación.

Grupos de estrellas

Existen 88 constelaciones. Encontrarás mapas de todas ellas en las páginas 62-75.

Dividimos las estrellas en constelaciones para facilitar su búsqueda e identificación en el cielo. Muchas constelaciones llevan nombres de personajes o de objetos de la antigua mitología griega.

Dentro de las constelaciones hay figuras más pequeñas, llamadas asterismos. Uno de los asterismos más conocidos es el Gran Carro, que forma parte de la constelación de Ursa Maior (ver dibujo superior).

Distancias enormes

Las constelaciones están formadas por las estrellas más destacadas del cielo.

Desde la Tierra, las estrellas de cada constelación parecen cercanas entre ellas, sin embargo se encuentran a distancias increíbles.

Por ejemplo, las estrellas en la constelación de Orión, distan de la Tierra entre poco menos de 500 años luz y algo más de 2.000 años luz. Nos parecen un grupo enlazado porque las estrellas se encuentran en la misma dirección.

Punteros

Las estrellas de algunas constelaciones forman punteros hacia otras constelaciones.

Por ejemplo, si trazas una línea imaginaria entre las dos últimas estrellas del Carro, en Ursa Maior, verás que la línea apunta hacia la estrella Polar, o estrella del Norte. Estas dos estrellas, que resultan tan útiles, se denominan punteros.

Los mapas de las páginas 62 a 75 enseñan cómo encontrar las constelaciones. Primero hay que localizar otras estrellas que nos sirven de punteros para poder identificarlas.

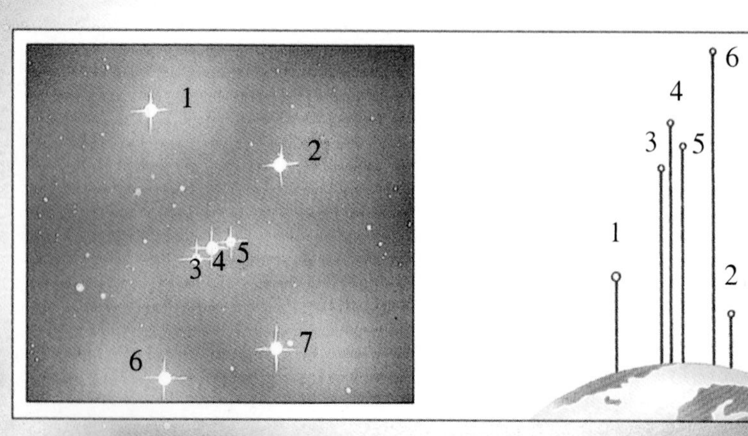

La constelación de Orión en el cielo (izquierda) y la posición de las estrellas en el espacio (derecha).

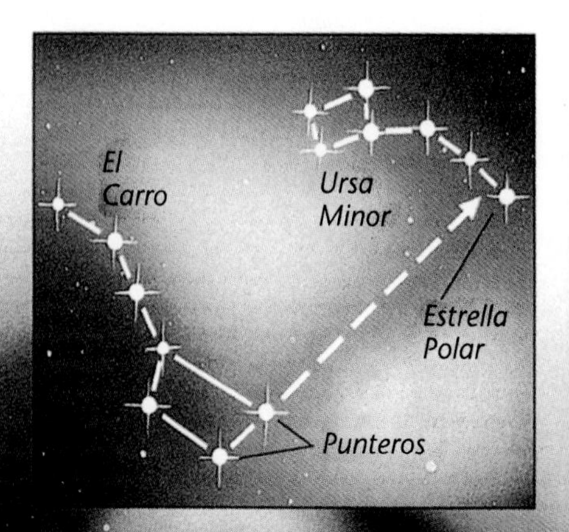

Los punteros en Ursa Maior apuntan hacia la estrella Polar, en la constelación Ursa Minor.

Movimiento de estrellas

Las estrellas se desplazan por el espacio a enormes velocidades, pero se encuentran tan alejadas que resulta imposible detectar movimiento alguno, a no ser que se utilicen instrumentos muy potentes. Por eso parece que las constelaciones están inmóviles.

Hace 100.000 años las estrellas del Carro presentaban esta forma.

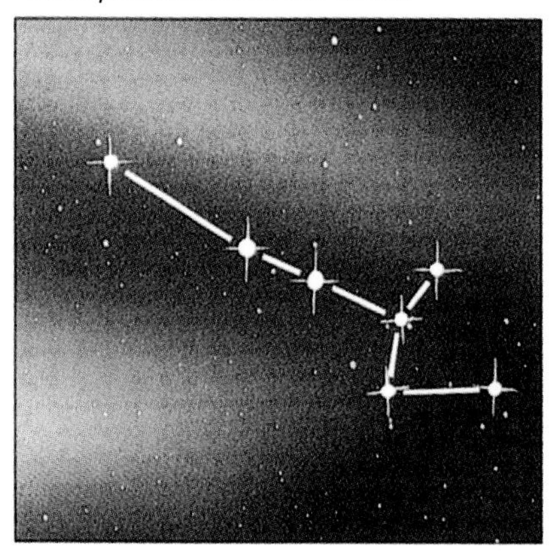

Las estrellas del Carro en la actualidad.

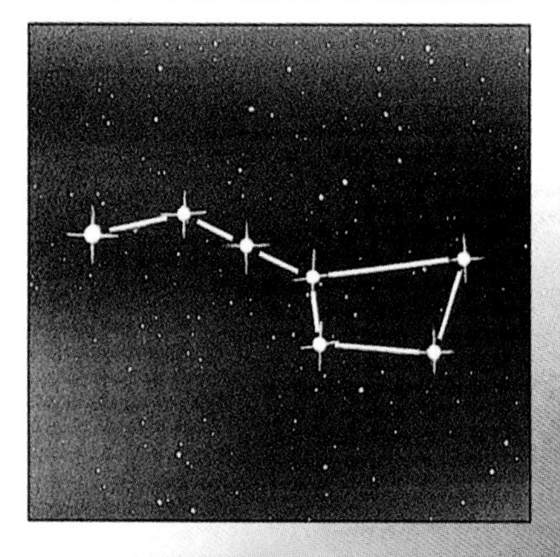

Dentro de 100.000 años, su forma se habrá alterado completamente.

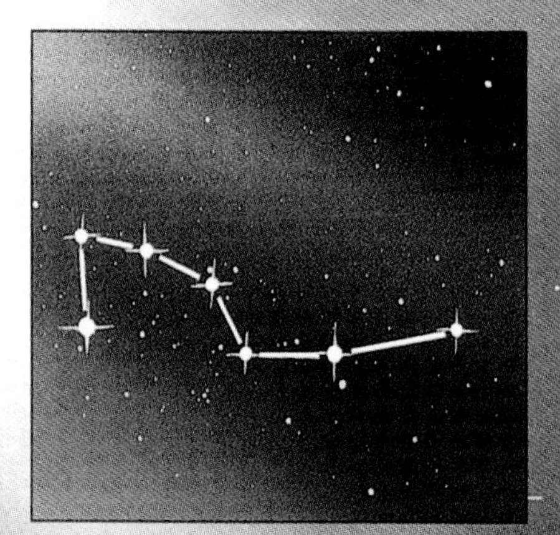

Los nombres de las estrellas

La mayoría de las estrellas más brillantes tienen dos nombres: el griego y el castellano. La estrella más luminosa se llama Sirio, nombre de origen griego. Su nombre en castellano es Estrella del Can.

En griego

Las estrellas también se identifican con el nombre de su constelación y una letra del alfabeto griego. En general, la estrella más brillante de una constelación se denomina alfa (α), la primera letra del alfabeto griego. La segunda estrella más brillante es beta (ß), y así sucesivamente. El alfabeto griego solamente posee 24 letras, por lo que si una constelación tiene más de 24 estrellas, las restantes están numeradas.

LETRAS GRIEGAS Y SUS NOMBRES

α	Alfa	ν	Nu
β	Beta	ξ	Xi
γ	Gamma	ο	Omicron
δ	Delta	π	Pi
ε	Epsilon	ρ	Rho
ζ	Zeta	σ	Sigma
η	Eta	τ	Tau
θ	Theta	υ	Upsilon
ι	Iota	φ	Fi
κ	Kappa	χ	Ji
λ	Lambda	ψ	Psi
μ	Mu	ω	Omega

Las cinco estrellas principales de la constelación de Casiopea forman una W que resulta fácil de identificar.

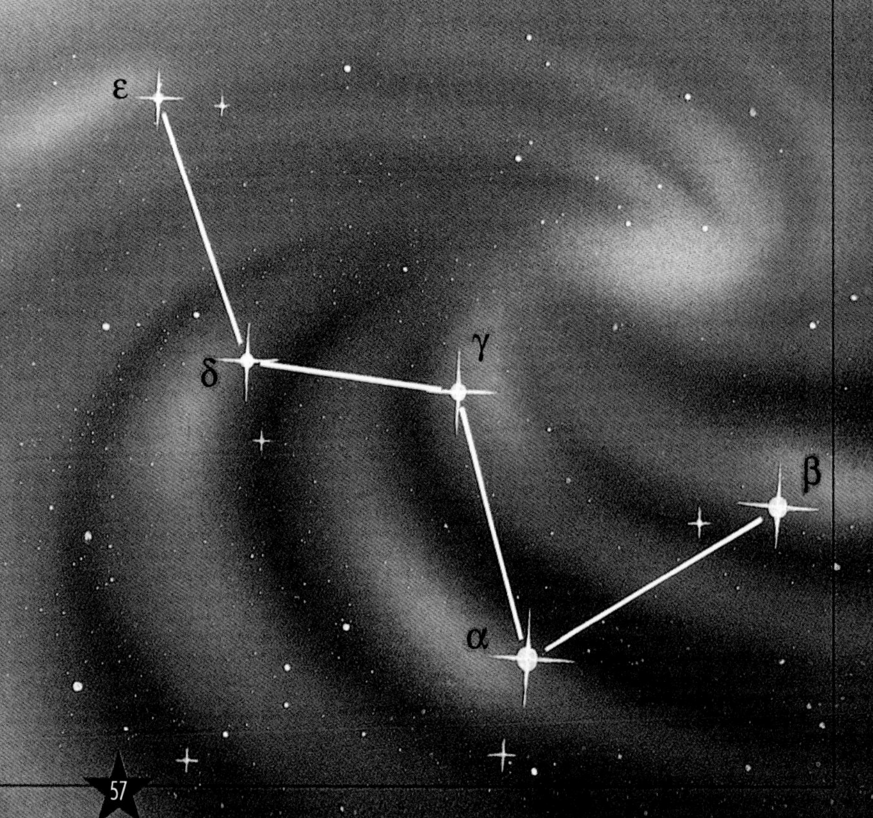

TIPOS DE ESTRELLAS

Luminosidad

La luminosidad estelar se mide en una escala denominada magnitud. La luminosidad real de una estrella en el espacio se denomina magnitud absoluta. Las estrellas más brillantes tienen magnitud 0 o incluso magnitud negativa.

-1 0 1 2 3 4 5 6 7 8 9

Estrellas más luminosas — *Estrellas más débiles*

Cada grado de la escala equivale a un aumento de luminosidad de dos veces y media.

Luminosidad desde la Tierra

Desde la Tierra, una estrella lejana pero muy brillante puede parecer más débil que otra menos brillante pero más cercana a nosotros. La luminosidad de una estrella desde la Tierra se denomina magnitud aparente.

Los colores de las estrellas

Las estrellas se clasifican según su color. Las más calientes son azules o blancas y las más frías son rojas.

Cada clase de estrella tiene un tipo espectral y se identifica con una letra. En este esquema puedes ver los principales tipos espectrales.

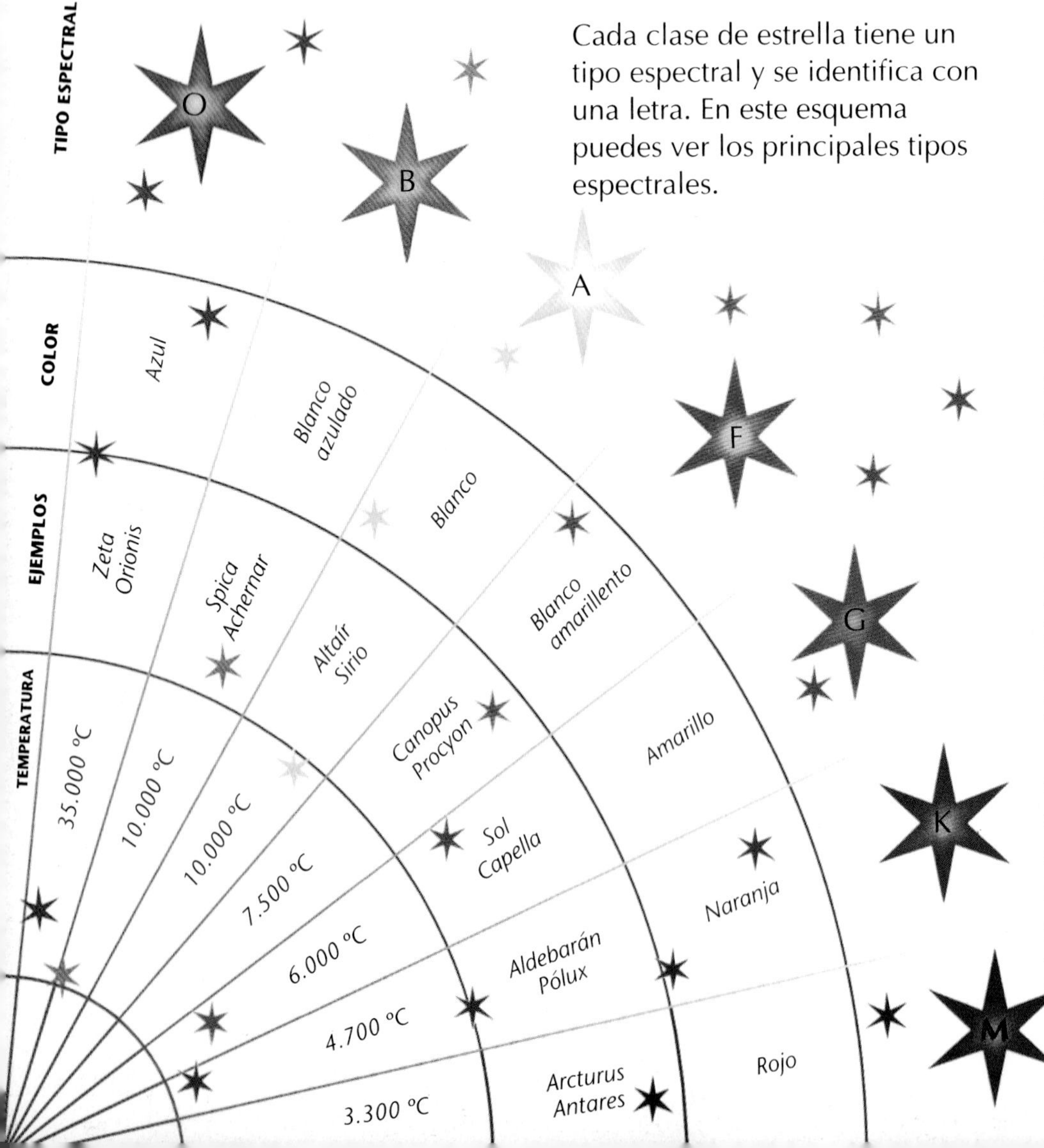

Estrellas dobles

Hay dos tipos de estrellas dobles. El primer tipo, las binarias o dobles físicas, giran una en torno a la otra debido a la gravedad. Es difícil verlas separadas sin un telescopio.

El segundo tipo, las binarias dobles ópticas, parecen cercanas porque están en la misma línea de visión desde la Tierra, pero pueden estar muy separadas. Algunas se ven a simple vista.

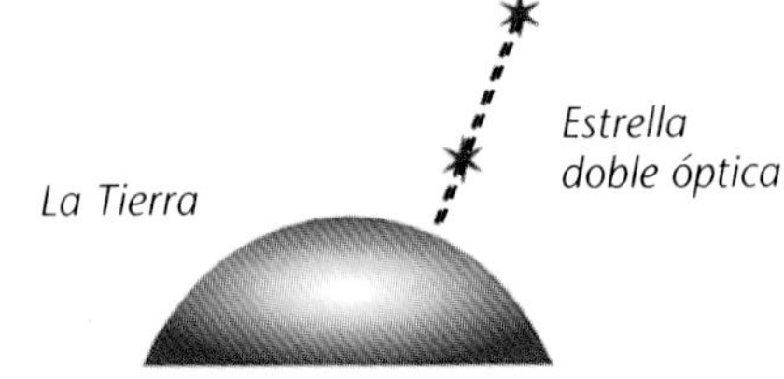

Números

La mayoría de las galaxias, nebulosas, grupos de estrellas y otros cuerpos celestes tienen un número de identificación que comienza con M o NGC.

Los números M se refieren a un catálogo del s. XVIII del astrónomo francés Charles Messier y los números NGC a las iniciales inglesas del Nuevo Catálogo General de J.L.E. Dreyer, del año 1888.

Algunos números comienzan con IC. Son las iniciales inglesas del Catálogo de Índices, una lista de cuerpos celestes aún más débiles, confeccionada por Dreyer en 1908.

LAS CONSTELACIONES

La constelación de Crux. Las cuatro estrellas principales forman la Cruz del Sur.

MAPAS ESTELARES

Los mapas estelares te ayudarán a identificar constelaciones. La mejor hora para verlas es a partir de las once de la noche.

Hay constelaciones que siempre son difíciles de localizar. Se ven mejor en las noches despejadas y sin luna, desde un lugar a oscuras.

Mapa para el hemisferio norte

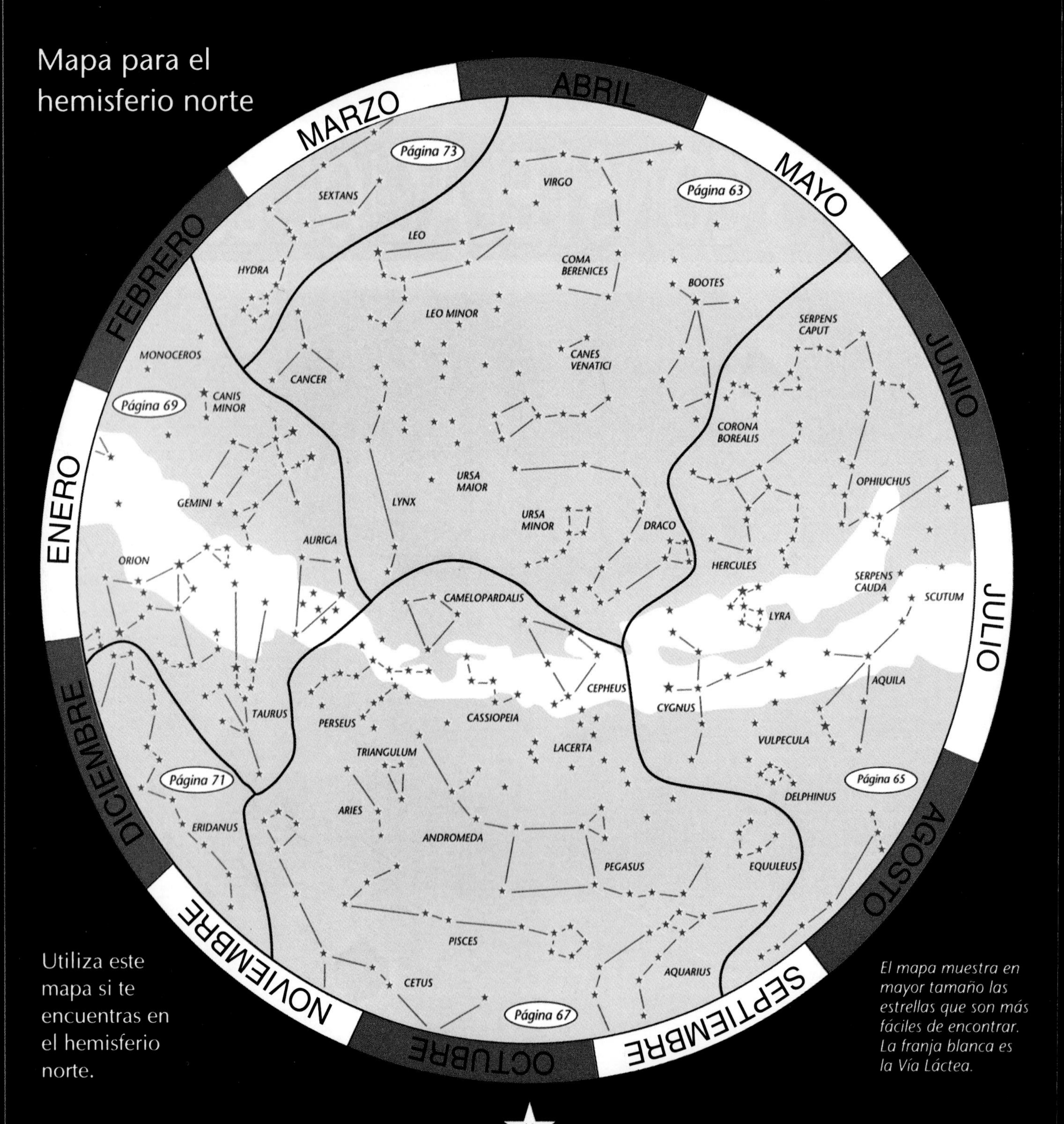

Utiliza este mapa si te encuentras en el hemisferio norte.

El mapa muestra en mayor tamaño las estrellas que son más fáciles de encontrar. La franja blanca es la Vía Láctea.

Cómo usar los mapas

Busca el mes en el que te encuentras en el borde del mapa. Gira el libro hasta que ese mes quede lo más cerca posible de ti. Mira hacia el sur si estás en el hemisferio norte y hacia el norte si estás en el hemisferio sur. Las estrellas que verás en el cielo serán las que se encuentran en la parte media e inferior del mapa.

Cuando sepas qué constelaciones buscar, consulta los mapas de mayor escala que correspondan en las páginas siguientes del libro. En ellos aparecen las constelaciones que son más fáciles de ver y, a partir de esas, puedes buscar otras que se encuentran cerca. Los números de las páginas se indican en las secciones de los mapas estelares.

Mapa para el hemisferio sur

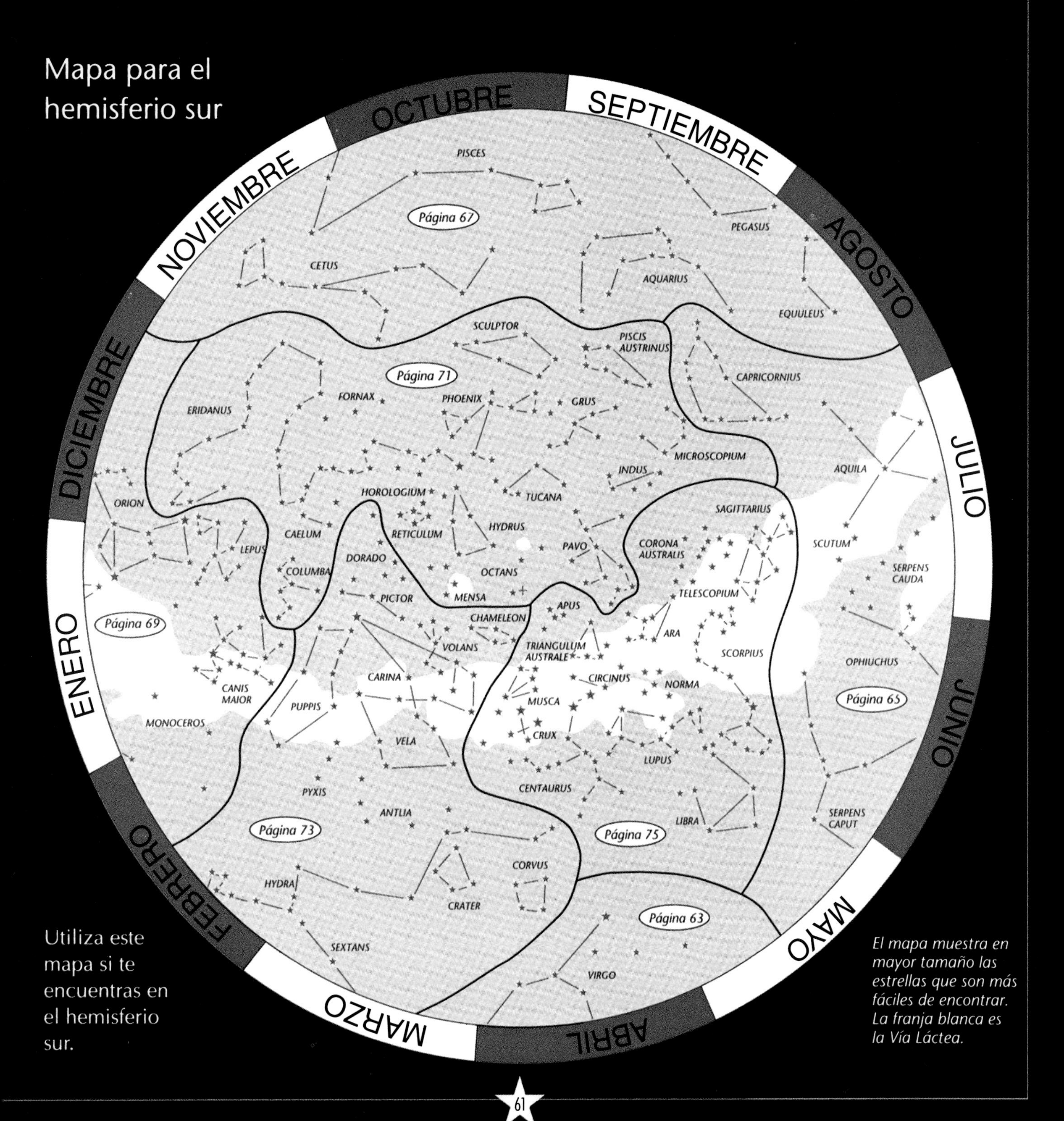

Utiliza este mapa si te encuentras en el hemisferio sur.

El mapa muestra en mayor tamaño las estrellas que son más fáciles de encontrar. La franja blanca es la Vía Láctea.

DE DRACO A CÁNCER

Draco (el Dragón)

Draco está formada por una línea de estrellas separadas y pálidas. La cabeza del dragón es un grupo de cuatro estrellas cercanas a Vega, la quinta estrella más brillante del cielo. La cola rodea a la Osa Menor.

Canes Venatici (los Perros de Caza)

Los perros de caza persiguen a la Osa Mayor (Ursa Maior) y a la Osa Menor (Ursa Minor) por el cielo. La caza del oso era un deporte popular en el siglo XVII, que fue cuando se le dio el nombre a la constelación.

Bootes (el Boyero)

Intenta encontrar al Boyero con la cola de la Osa Mayor como puntero. Arcturus se encuentra en la base de Bootes y es la cuarta estrella más brillante del firmamento.

Cada año, entre el 1 y el 6 de enero, se produce una lluvia de meteoros denominada Cuadrántidas en la zona entre el Boyero y la Osa Mayor, que no es visible hasta después de la medianoche.

Coma Berenices (la Cabellera de Berenice)

Según cuenta la leyenda griega, Berenice se cortó su larga cabellera y el dios Júpiter la colocó entre las estrellas. Las tres estrellas principales de esta constelación están situadas en el mapa, pero puede resultar difícil distinguirlas de otras estrellas.

En una noche sin luna puedes observar a simple vista el cúmulo abierto de Coma.

Virgo (la Virgen)

Esta constelación representa a la diosa de la fertilidad y la cosecha. La estrella más brillante de Virgo es Spica, que en latín significa espiga y que se encuentra a 220 años luz de la Tierra.

Ursa Minor (La Osa Menor)

La estrella más brillante de esta constelación es Polaris o la Estrella Polar. Es la única estrella del cielo que parece inmóvil, debido a que está en línea con el eje de rotación de la Tierra, justo encima del polo Norte. A medida que la Tierra gira, Polaris permanece en el mismo lugar en relación a ella, mientras que otras estrellas parecen moverse alrededor de Polaris.

Cuando hayas encontrado la Estrella Polar, busca un punto de referencia a tu alrededor para que la puedas volver a encontrar desde el mismo lugar. Te mostrará en qué dirección se encuentra el norte.

Ursa Maior (la Osa Mayor)

Las siete estrellas más luminosas de esta constelación forman El Carro o Cazo. Las estrellas Dubhe y Merak se llaman punteros, porque muestran la dirección hacia la Estrella Polar si seguimos una línea imaginaria.

Lynx (el Lince)

La constelación recibió este nombre porque solamente la gente con vista de lince puede observarla, al ser una línea de estrellas débiles.

Leo Minor (el León Menor)

Se trata de una constelación muy débil y difícil de observar.

Cáncer (el Cangrejo)

Cáncer está formada por unas estrellas débiles, situadas entre Leo y Gemini (ver página 69). Posee el espectacular cúmulo abierto de estrellas jóvenes M44, también conocido como la Colmena o el Pesebre.

Leo (el León)

La constelación Leo es una de las pocas que se parece a lo que indica su nombre: un león agazapado. La zona de la cabeza se suele conocer como la Hoz o como el Signo de Cierre de Interrogación.

Todos los años, hacia el 17 de noviembre, se produce una lluvia de meteoros, llamada Leónidas, cerca de la cabeza de Leo. No resulta visible hasta pasada la media noche.

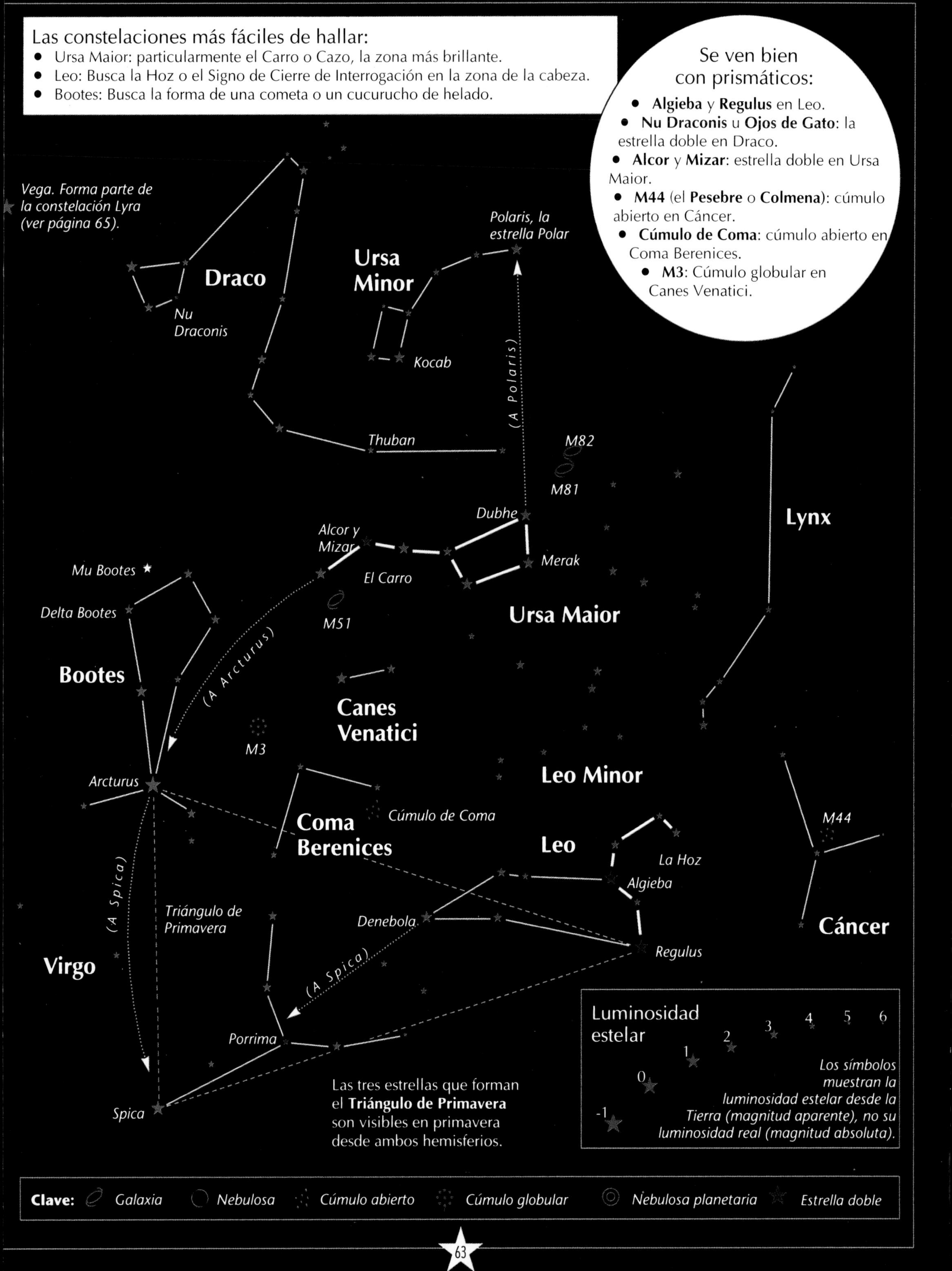

Las constelaciones más fáciles de hallar:
• Ursa Maior: particularmente el Carro o Cazo, la zona más brillante.
• Leo: Busca la Hoz o el Signo de Cierre de Interrogación en la zona de la cabeza.
• Bootes: Busca la forma de una cometa o un cucurucho de helado.
Se ven bien con prismáticos:
• Algieba y Regulus en Leo.
• Nu Draconis u Ojos de Gato: la estrella doble en Draco.
• Alcor y Mizar: estrella doble en Ursa Maior.
• M44 (el Pesebre o Colmena): cúmulo abierto en Cáncer.
• Cúmulo de Coma: cúmulo abierto en Coma Berenices.
• M3: Cúmulo globular en Canes Venatici.
Vega. Forma parte de la constelación Lyra (ver página 65).
Draco
Nu Draconis
Ursa Minor
Polaris, la estrella Polar
Kocab
(A Polaris)
Thuban
M82
M81
Dubhe
Alcor y Mizar
Merak
El Carro
M51
Ursa Maior
Lynx
Mu Bootes
Delta Bootes
Bootes
(A Arcturus)
Canes Venatici
M3
Leo Minor
Arcturus
Coma Berenices
Cúmulo de Coma
Leo
La Hoz
Algieba
M44
Cáncer
(A Spica)
Triángulo de Primavera
Virgo
Denebola
Regulus
(A Spica)
Porrima
Spica
Las tres estrellas que forman el Triángulo de Primavera son visibles en primavera desde ambos hemisferios.
Luminosidad estelar
-1
0
1
2
3
4
5
6
Los símbolos muestran la luminosidad estelar desde la Tierra (magnitud aparente), no su luminosidad real (magnitud absoluta).
Clave: Galaxia Nebulosa Cúmulo abierto Cúmulo globular Nebulosa planetaria Estrella doble

DE CYGNUS A SERPENS

Cygnus (el Cisne)

Cygnus contiene un asterismo en forma de cruz: la Cruz del Norte, con Deneb en su extremo superior y Albireo en el inferior.

Deneb es una de las estrellas más brillantes de la galaxia, más de 60.000 veces más luminosa que el Sol. Constituye una de las tres esquinas del Triángulo de Verano.

Delphinus (el Delfín)

Delphinus es compacta y tiene una forma inconfundible. La estrella Epsilon Delphini se encuentra a 950 años luz, una distancia muy superior a la de las demás estrellas de esta constelación.

Sagitta (la Saeta)

Sagitta* está formada por cuatro estrellas tenues en forma de flecha.

Capricornus (la Cabra)

Una constelación de estrellas poco luminosas que parecen formar un triángulo mal hecho. Algunos astrónomos la llaman la "sonrisa en el cielo".

En uno de los extremos se encuentra la estrella doble Alfa Capricorni, formada por las estrellas Alfa 1 y Alfa 2 (esta última conocida con el nombre Algedi o Giedi). Ambas son visibles a simple vista.

Aquila (el Águila)

La brillante estrella Altaír de esta constelación forma parte del Triángulo de Verano. Altaír es la onceava estrella más luminosa del firmamento y está escoltada a ambos lados por dos estrellas menos brillantes.

Scutum (el Escudo)

Se trata de una constelación tenue, aunque visible a simple vista. Busca M11, el Pato Salvaje, un cúmulo abierto cercano a la base de Aquila.

Vulpécula (el Zorro)

Vulpécula contiene la nebulosa planetaria M27, también conocida con el nombre de nebulosa Dumbbell. En 1967 se descubrió el primer púlsar en Vulpécula, aunque es demasiado tenue para poder ser observado.

Lyra (la Lira)

Es una constelación pequeña, aunque resulta fácil de encontrar. Su estrella más luminosa es Vega, la quinta más brillante del firmamento.

Ophiuchus (el Portador de Serpientes)

Es un inmenso grupo de estrellas. Ophiuchus sujeta una serpiente, la constelación Serpens, por lo que ambas están unidas.

Hércules

La constelación lleva el nombre del héroe de una leyenda griega. La zona central de Hércules parece un cuadrado mal dibujado y se denomina el Trapecio de Hércules. Esta constelación contiene uno de los cúmulos globulares más hermosos del cielo en su lado derecho, el M13.

Corona Borealis (la Corona Boreal)

Es un semicírculo de estrellas no muy brillantes situadas entre Vega y Arcturus (en la constelación de Bootes, ver página 63).

Corona Borealis posee una nova recurrente, T Coronae. La última vez que brilló fue en febrero de 1946 y alcanzó una magnitud aparente de 2,3 (su magnitud habitual es de 10). No volverá a ser visible hasta que su brillo vuelva a aumentar.

Serpens (la Serpiente)

Esta constelación tiene dos zonas: Caput (la cabeza) y Cauda (la cola), una a cada lado de Ophiuchus.

En Serpens Cauda se encuentra la nebulosa M16 (nebulosa del Águila), que posee una nube de gas y polvo en forma de águila en el centro.

Se necesita un telescopio bastante potente para poder ver M16 con detalle. Las imágenes obtenidas con el telescopio espacial Hubble han revelado imponentes zonas en su interior donde se forman nacimientos de estrellas.

** Sagitta no está incluida en el mapa por ser una constelación muy tenue.*

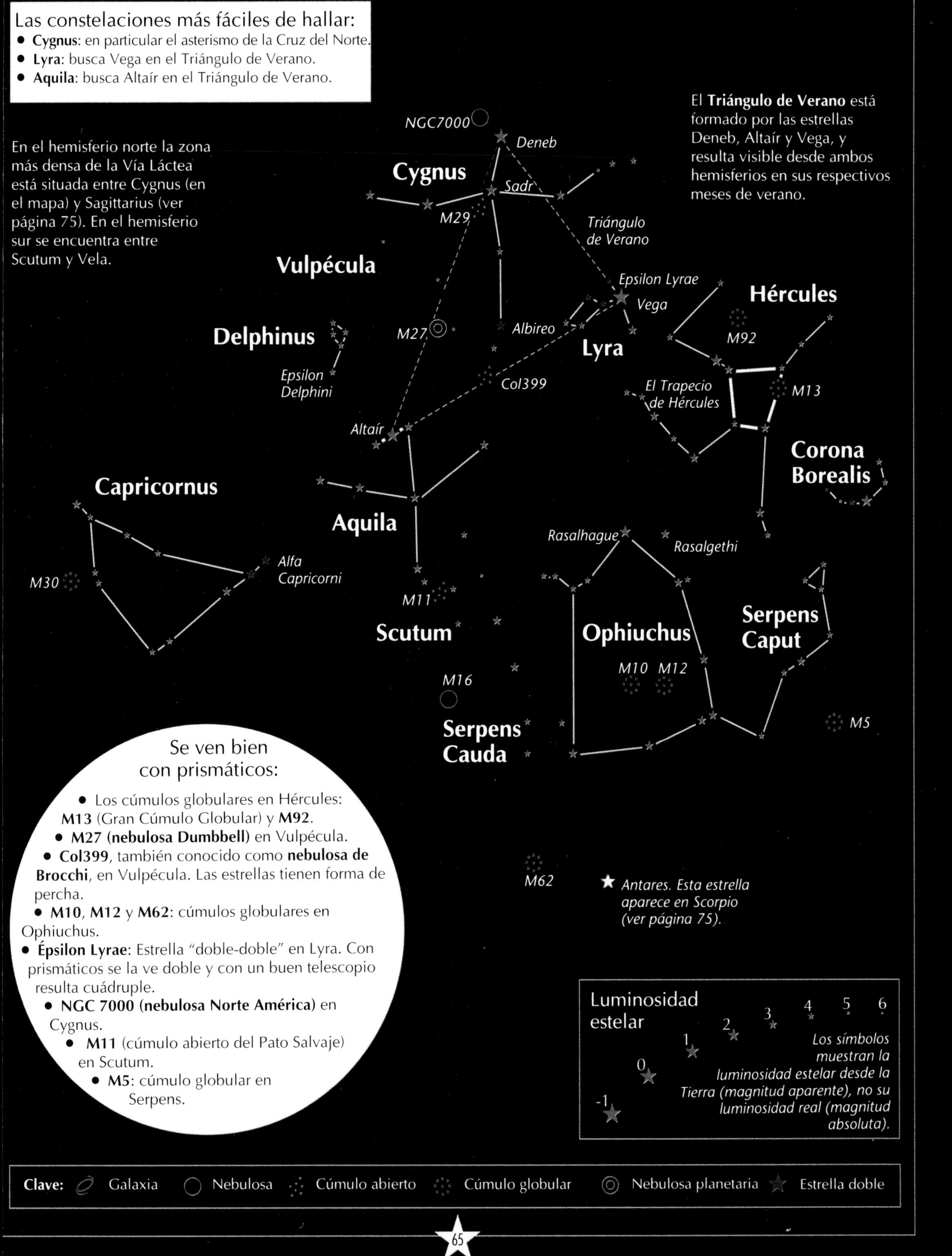
Las constelaciones más fáciles de hallar:
• Cygnus: en particular el asterismo de la Cruz del Norte.
• Lyra: busca Vega en el Triángulo de Verano.
• Aquila: busca Altaír en el Triángulo de Verano.
En el hemisferio norte la zona más densa de la Vía Láctea está situada entre Cygnus (en el mapa) y Sagittarius (ver página 75). En el hemisferio sur se encuentra entre Scutum y Vela.
El Triángulo de Verano está formado por las estrellas Deneb, Altaír y Vega, y resulta visible desde ambos hemisferios en sus respectivos meses de verano.
NGC7000
Deneb
Cygnus
Sadr
M29
Triángulo de Verano
Vulpécula
Epsilon Lyrae
Vega
Hércules
Delphinus
M27
Albireo
Lyra
M92
Epsilon Delphini
Col399
El Trapecio de Hércules
M13
Altaír
Corona Borealis
Capricornus
Aquila
Rasalhague
Rasalgethi
Alfa Capricorni
M30
M11
Scutum
Ophiuchus
Serpens Caput
M10
M12
M16
Serpens Cauda
M5
Se ven bien con prismáticos:
• Los cúmulos globulares en Hércules: M13 (Gran Cúmulo Globular) y M92.
• M27 (nebulosa Dumbbell) en Vulpécula.
• Col399, también conocido como nebulosa de Brocchi, en Vulpécula. Las estrellas tienen forma de percha.
• M10, M12 y M62: cúmulos globulares en Ophiuchus.
• Épsilon Lyrae: Estrella "doble-doble" en Lyra. Con prismáticos se la ve doble y con un buen telescopio resulta cuádruple.
• NGC 7000 (nebulosa Norte América) en Cygnus.
• M11 (cúmulo abierto del Pato Salvaje) en Scutum.
• M5: cúmulo globular en Serpens.
M62
Antares. Esta estrella aparece en Scorpio (ver página 75).
Luminosidad estelar
-1
0
1
2
3
4
5
6
Los símbolos muestran la luminosidad estelar desde la Tierra (magnitud aparente), no su luminosidad real (magnitud absoluta).
Clave: Galaxia Nebulosa Cúmulo abierto Cúmulo globular Nebulosa planetaria Estrella doble

DE CAMELOPARDALIS A AQUARIUS

Camelopardalis (la Jirafa)

No resulta fácil ver ninguna de estas estrellas a simple vista.

Perseus (Perseo)

Perseus lleva el nombre de un héroe de la mitología griega. En esta constelación existen varios cúmulos de estrellas abiertos, el más interesante es el cúmulo abierto doble de NGC 869 y 884.

La estrella variable binaria Algol tiene un período de casi tres días y es eclipsante. Cuando una estrella eclipsa a la otra, la luminosidad habitual de Algol desciende progresivamente hasta la mitad.

Cada año, entre el 25 de julio y el 20 de agosto, tiene lugar una lluvia de meteoros en Perseus, que culmina el 12 de agosto.

Andrómeda

Andrómeda era una princesa que fue rescatada de un monstruo por Perseo.

La constelación contiene la M31, también conocida como la galaxia de Andrómeda o Gran Espiral. Es el objeto más lejano visible a simple vista, a 2,9 millones de años luz.

Triangulum (el Triángulo)

Es una constelación pequeña formada por tres estrellas de fácil observación en una noche sin luna. Contiene la M33, también llamada galaxia del Molinete.

Aries (el Carnero)

Aries se compone de cuatro estrellas principales.

Pisces (los Peces)

Según la leyenda griega, Pisces eran dos peces atados con una cinta larga. No resulta fácil encontrar la constelación y la zona más visible es el pequeño aro bajo el cuadrado de Pegasus, conocido con el nombre de Pez Occidental o Arete.

Cetus (la Ballena)

Cetus incluye la estrella variable Mira, que resulta visible a simple vista durante seis meses al año y después desaparece. Su período es de 331 días.

Cepheus (Cefeo)

Cepheus se parece un poco a una casa vista de lado. Según la leyenda griega, Cefeo era el rey de Etiopía, que se casó con Casiopea (abajo). Su estrella más brillante es Alderamín.

Delta Cephei es una estrella variable con un período de 5 días, 8 horas y 48 minutos.

Cassiopeia (Casiopea)

Cassiopeia se encuentra al lado de su marido Cefeo. Tiene forma de W*, por lo que es fácil de distinguir. Dos estrellas en uno de sus extremos forman un puntero hacia la constelación Andrómeda.

Lacerta (el Lagarto)

Lacerta forma una línea irregular de estrellas poco brillantes, por lo que resulta difícil de encontrar.

Pegasus (Pegaso)

Según la mitología griega, Pegaso era un caballo alado. El Cuadrado de Pegaso está formado por tres estrellas de esta constelación y la última estrella de Andrómeda. Es bastante fácil de observar porque es una de las figuras geométricas más grandes en el cielo nocturno.

Equuleus (el Caballito)

Equuleus resulta difícil de encontrar. En términos espaciales, las dos estrellas que forman la estrella doble Delta Equuleus se encuentran muy juntas. Aún así, están tan separadas como el Sol y Júpiter.

Aquarius (Acuario)

Aquarius no resulta fácil de encontrar. El conjunto de estrellas en la parte superior representa una jarra y las estrellas de abajo muestran un chorro de agua.

Aquarius contiene una nebulosa planetaria llamada Hélix, que puede observarse con prismáticos en una noche sin luna y parece una mancha borrosa de la mitad del tamaño de la Luna. Resulta bastante difícil de encontrar.

Entre el 24 de abril y el 20 de mayo se puede observar una lluvia de meteoros, llamada Eta Acuáridas, en esta zona.

*Durante seis meses al año Cassiopeia tiene forma de M.

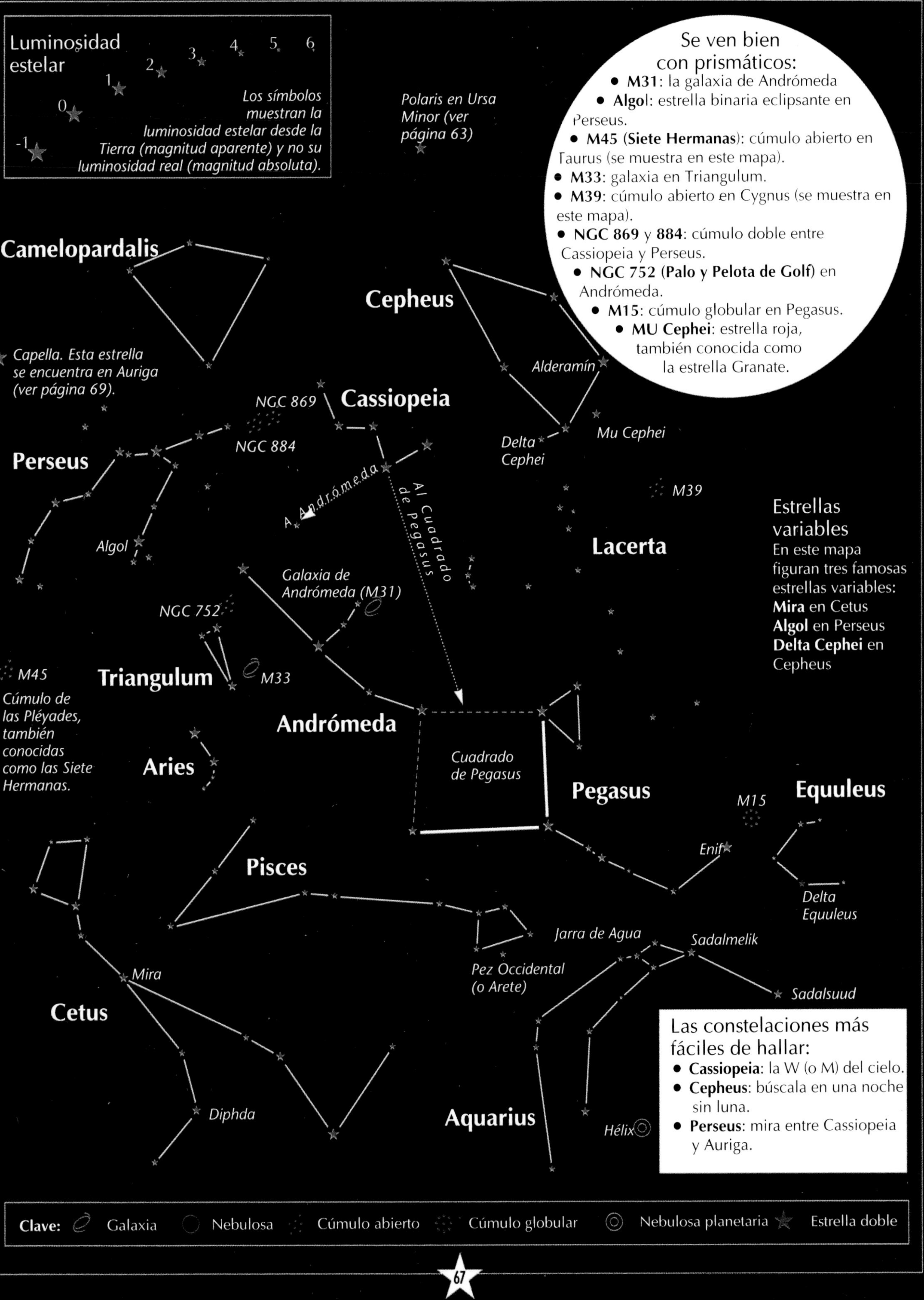

Luminosidad estelar
-1 0 1 2 3 4 5 6
Los símbolos muestran la luminosidad estelar desde la Tierra (magnitud aparente) y no su luminosidad real (magnitud absoluta).
Polaris en Ursa Minor (ver página 63)
Se ven bien con prismáticos:
• M31: la galaxia de Andrómeda
• Algol: estrella binaria eclipsante en Perseus.
• M45 (Siete Hermanas): cúmulo abierto en Taurus (se muestra en este mapa).
• M33: galaxia en Triangulum.
• M39: cúmulo abierto en Cygnus (se muestra en este mapa).
• NGC 869 y 884: cúmulo doble entre Cassiopeia y Perseus.
• NGC 752 (Palo y Pelota de Golf) en Andrómeda.
• M15: cúmulo globular en Pegasus.
• MU Cephei: estrella roja, también conocida como la estrella Granate.
Camelopardalis
Cepheus
Capella. Esta estrella se encuentra en Auriga (ver página 69).
Alderamín
NGC 869
Cassiopeia
NGC 884
Perseus
Delta Cephei
Mu Cephei
A Andrómeda
Al Cuadrado de Pegasus
M39
Estrellas variables
En este mapa figuran tres famosas estrellas variables: Mira en Cetus Algol en Perseus Delta Cephei en Cepheus
Algol
Lacerta
Galaxia de Andrómeda (M31)
NGC 752
M45
Cúmulo de las Pléyades, también conocidas como las Siete Hermanas.
Triangulum
M33
Andrómeda
Aries
Cuadrado de Pegasus
Pegasus
M15
Equuleus
Pisces
Enif
Delta Equuleus
Jarra de Agua
Sadalmelik
Pez Occidental (o Arete)
Mira
Sadalsuud
Cetus
Las constelaciones más fáciles de hallar:
• Cassiopeia: la W (o M) del cielo.
• Cepheus: búscala en una noche sin luna.
• Perseus: mira entre Cassiopeia y Auriga.
Diphda
Aquarius
Hélix
Clave: Galaxia Nebulosa Cúmulo abierto Cúmulo globular Nebulosa planetaria Estrella doble

DE GEMINI A LEPUS

Gemini (los Gemelos)

Las estrellas Cástor y Pólux en la constelación de Gemini se conocen con el nombre de los Gemelos. En realidad, Cástor son seis estrellas juntas, aunque no se pueden distinguir ni siquiera con prismáticos.

Entre el 7 y el 15 de diciembre, tiene lugar una lluvia de meteoros en esta región del cielo llamada Gemínidas.

Canis Minor (el Can Menor)

Esta constelación representa al menor de los dos perros de Orión, el mítico cazador griego.

Procyon es la octava estrella más luminosa del cielo y, a tan sólo 11 años luz de la Tierra, es también una de las más cercanas.

Existen muchos cúmulos de estrellas entre Canis Minor, Monoceros y Canis Maior (ver más abajo).

Monoceros (el Unicornio)

Monoceros resulta difícil de observar, pero si te fijas con unos prismáticos, verás muchos cúmulos abiertos de estrellas tenues. Durante el invierno del hemisferio norte es la parte más luminosa de la Vía Láctea.

Canis Maior (el Can Mayor)

Se trata de un grupo compacto de estrellas brillantes. Sirio (la estrella del Can) es la estrella más brillante del cielo, y se encuentra a unos 8,6 años luz de distancia de la Tierra. Posee un cúmulo abierto llamado M41.

Auriga (el Cochero)

Esta constelación tiene la forma de una cometa, y se encuentra cercana a un triángulo tenue aunque característico, conocido como los Niños. Uno de ellos es la estrella variable Epsilon Aurigae, que queda eclipsada cada 27 años por un misterioso y oscuro compañero. Es posible que se trate de un disco de gas y polvo enorme.

Capella es la sexta estrella más brillante del firmamento, a una distancia de 42 años luz. En realidad son seis estrellas, aunque incluso con un telescopio potente sólo se puede ver una. Los cúmulos M36, M37 y M38 se encuentran cerca de Auriga.

Taurus (el Toro)

El conjunto de estrellas que forman la cabeza del toro se llaman Híadas y el ojo es la estrella doble Aldebarán.

El cúmulo de las Pléyades también se encuentra en la constelación de Taurus. Se las conoce como las Siete Hermanas aunque, en general, solamente pueden verse seis a simple vista. Según cuenta la leyenda griega, las Pléyades eran unas hermanas que fueron colocadas en el cielo para protegerlas de la persecución de Orión.

En Taurus también se encuentra la M1, o nebulosa del Cangrejo, que es el resto de la explosión de una supernova en 1054. En su centro se encuentra un púlsar, los restos de la estrella inicial, que gira 33 veces por segundo.

Entre el 20 de octubre y el 30 de noviembre de cada año se produce una lluvia de meteoros en esta zona del cielo: las Táuridas.

Orión

Orión era un gran cazador de la mitología griega. La constelación contiene diversas estrellas luminosas. Rigel, una estrella entre azul y blanca, es la séptima en el cielo por su luminosidad. La estrella roja Betelgeuse es una variable con un ciclo irregular.

Fíjate en la nebulosa de Orión, justo debajo de las tres estrellas que forman el cinturón de Orión. Contiene un sistema múltiple de cuatro estrellas con el nombre de Theta Orionis o el Trapecio.

Hacia el 22 de octubre de cada año se produce una lluvia de meteoros entre Orión y Gemini, llamada Oriónidas.

Lepus (la Liebre)

La liebre era el animal que Orión prefería cazar.

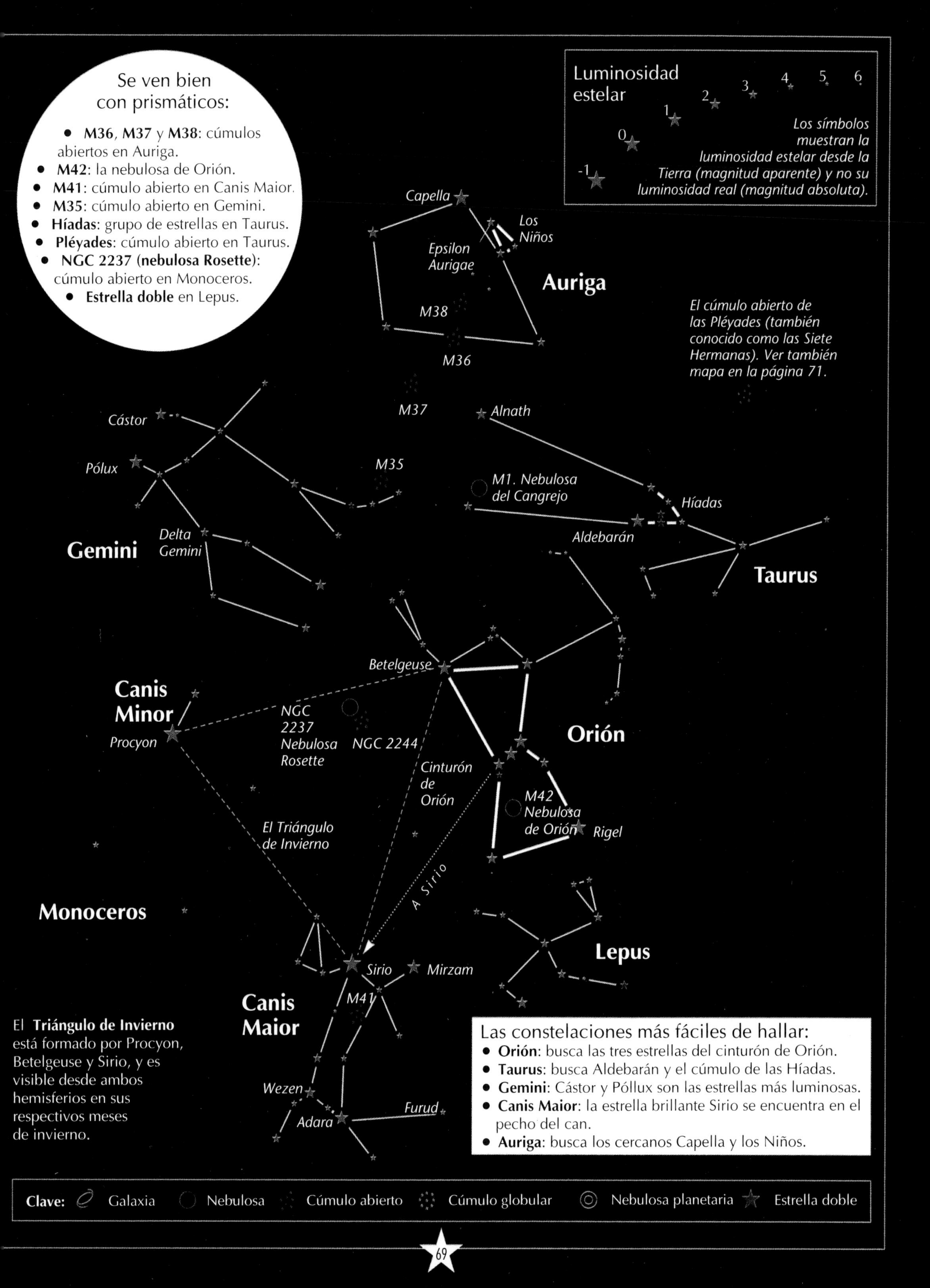
Se ven bien con prismáticos:
• M36, M37 y M38: cúmulos abiertos en Auriga.
• M42: la nebulosa de Orión.
• M41: cúmulo abierto en Canis Maior.
• M35: cúmulo abierto en Gemini.
• Híadas: grupo de estrellas en Taurus.
• Pléyades: cúmulo abierto en Taurus.
• NGC 2237 (nebulosa Rosette): cúmulo abierto en Monoceros.
• Estrella doble en Lepus.
Luminosidad estelar
-1
0
1
2
3
4
5
6
Los símbolos muestran la luminosidad estelar desde la Tierra (magnitud aparente) y no su luminosidad real (magnitud absoluta).
Capella
Los Niños
Epsilon Aurigae
Auriga
M38
M36
M37
El cúmulo abierto de las Pléyades (también conocido como las Siete Hermanas). Ver también mapa en la página 71.
Alnath
Cástor
Pólux
M35
M1. Nebulosa del Cangrejo
Híadas
Aldebarán
Gemini
Delta Gemini
Taurus
Betelgeuse
Canis Minor
Procyon
NGC 2237 Nebulosa Rosette
NGC 2244
Cinturón de Orión
Orión
M42 Nebulosa de Orión
Rigel
El Triángulo de Invierno
A Sirio
Monoceros
Lepus
Sirio
Mirzam
M41
Canis Maior
El Triángulo de Invierno está formado por Procyon, Betelgeuse y Sirio, y es visible desde ambos hemisferios en sus respectivos meses de invierno.
Wezen
Adara
Furud
Las constelaciones más fáciles de hallar:
• Orión: busca las tres estrellas del cinturón de Orión.
• Taurus: busca Aldebarán y el cúmulo de las Híadas.
• Gemini: Cástor y Póllux son las estrellas más luminosas.
• Canis Maior: la estrella brillante Sirio se encuentra en el pecho del can.
• Auriga: busca los cercanos Capella y los Niños.
Clave: Galaxia Nebulosa Cúmulo abierto Cúmulo globular Nebulosa planetaria Estrella doble

DE COLUMBA A MICROSCOPIUM

Columba
(la Paloma)
Un grupo de estrellas que es fácil de reconocer, situado cerca de Canopus, en la constelación de Carina (ver página 73).

Horologium
(el Reloj)
En esta constelación sólo la estrella más cercana a Caelum resulta visible sin dificultad.

Caelum
(el Buril)
Constelación formada por algunas estrellas tenues.

Reticulum
(la Red)
Un claro grupo de estrellas, entre Canopus (de Carina) y Achernar (de Eridanus).

Mensa
(la Mesa)
Busca esta constelación poco brillante sólo en una noche muy despejada. Se encuentra cerca de la Gran Nube de Magallanes.

Hydrus
(la Hidra Macho)
Las tres estrellas más luminosas de esta constelación forman un gran triángulo entre las manchas brumosas de las Nubes de Magallanes.

Octans
(el Octante)
Esta constelación rodea el punto imaginario encima del polo sur, en línea recta con el eje de la Tierra. Dicho punto, señalado con una cruz en el mapa de la página siguiente, se conoce como el polo celeste del sur. Al contrario que el polo celeste del norte, que está marcado por la Estrella Polar, no hay estrella que señale la posición exacta del polo celeste del sur.

Pavo
(el Pavo Real)
La constelación del Pavo contiene estrellas bastante luminosas, que hacen fácil su identificación. La estrella variable Kappa Pavonis cambia cada nueve días (pasa de apagada a brillante y viceversa).

Indus
(el Indio)
Indus se encuentra entre el Pavo, Microscopium y Grus.

Fornax
(el Horno)
Esta pequeña constelación está situada cerca de una de las curvas de Eridanus.

Eridanus
(el Río Celeste)
Eridanus es una línea larga y serpenteante de estrellas que reciben el nombre de un río de la mitología griega. La estrella Epsilon Eridani se encuentra a 10,8 años luz del sistema solar y su magnitud absoluta es parecida a la del Sol. Achernar es la novena estrella más luminosa del firmamento, a una distancia de 85 años luz.

Tucana
(el Tucán)
La Pequeña Nube de Magallanes se encuentra en los límites de esta constelación. El cúmulo 47 Tuc (NGC 104) está considerado el segundo cúmulo globular más hermoso del cielo, tras Omega Centauri.

Sculptor
(el Escultor)
Formada por estrellas tenues y difíciles de ver.

Phoenix
(el Ave Fénix)
Phoenix recibe el nombre del pájaro mitológico que ardía y renacía de sus cenizas.

Piscis Austrinus
(el Pez Austral)
Constelación formada, entre otras, por Fomalhault, a 24 años luz de la Tierra, que podría tener planetas propios.

Grus
(la Grulla)
Alnaír es la estrella más luminosa de esta llamativa constelación.

Microscopium
(el Microscopio)
Constelación de estrellas tenues y muy difíciles de ver.

La Pequeña Nube de Magallanes y la Gran Nube de Magallanes
Son galaxias de forma irregular y satélites de la Vía Láctea debido a su enorme gravedad.

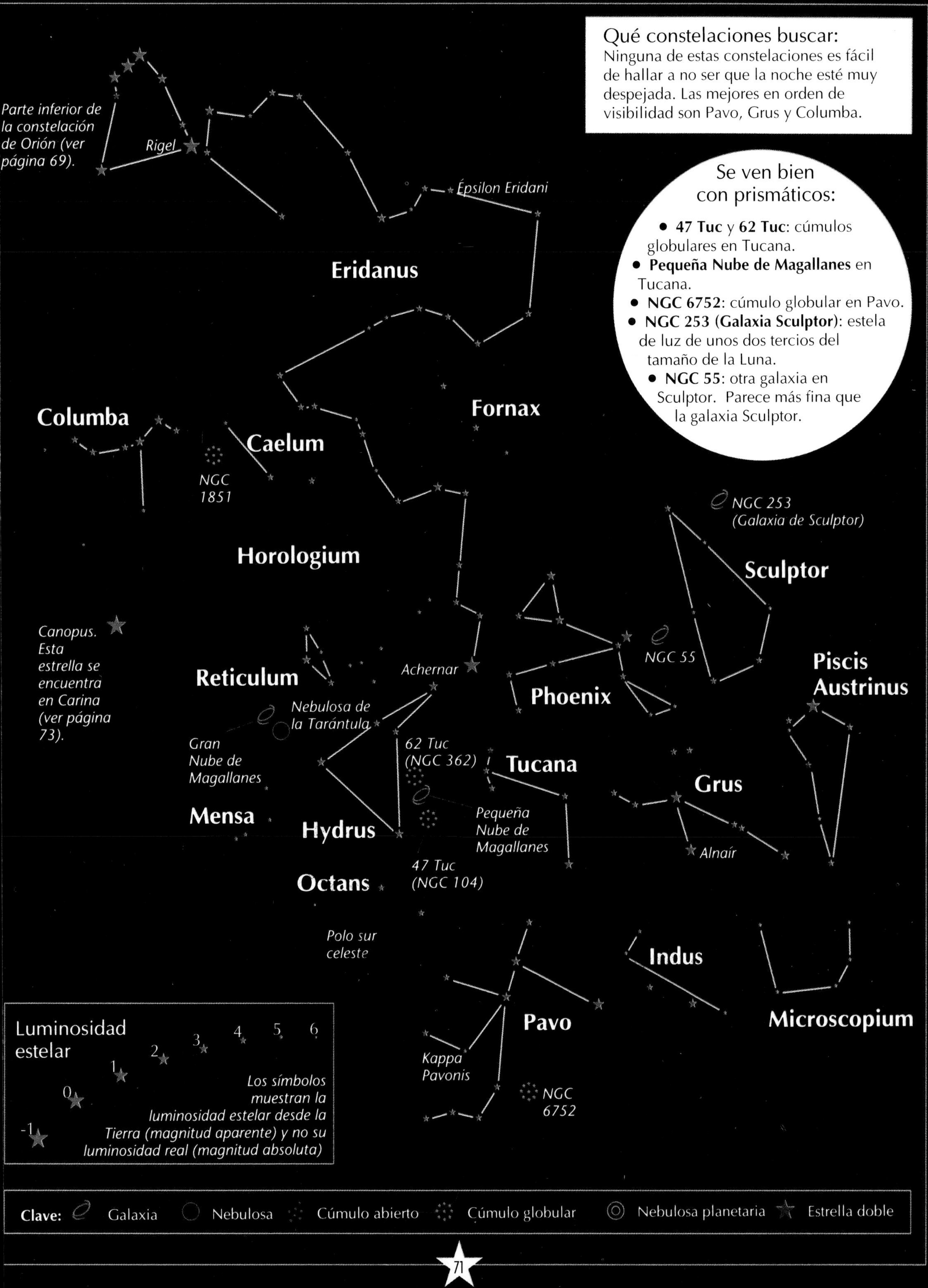
Qué constelaciones buscar:
Ninguna de estas constelaciones es fácil de hallar a no ser que la noche esté muy despejada. Las mejores en orden de visibilidad son Pavo, Grus y Columba.
Se ven bien con prismáticos:
• 47 Tuc y 62 Tuc: cúmulos globulares en Tucana.
• Pequeña Nube de Magallanes en Tucana.
• NGC 6752: cúmulo globular en Pavo.
• NGC 253 (Galaxia Sculptor): estela de luz de unos dos tercios del tamaño de la Luna.
• NGC 55: otra galaxia en Sculptor. Parece más fina que la galaxia Sculptor.
Parte inferior de la constelación de Orión (ver página 69).
Rigel
Épsilon Eridani
Eridanus
Fornax
Columba
Caelum
NGC 1851
Horologium
NGC 253 (Galaxia de Sculptor)
Sculptor
Canopus. Esta estrella se encuentra en Carina (ver página 73).
Reticulum
Achernar
NGC 55
Piscis Austrinus
Phoenix
Nebulosa de la Tarántula
Gran Nube de Magallanes
62 Tuc (NGC 362)
Tucana
Grus
Mensa
Hydrus
Pequeña Nube de Magallanes
Alnaír
47 Tuc (NGC 104)
Octans
Polo sur celeste
Indus
Microscopium
Pavo
Kappa Pavonis
NGC 6752
Luminosidad estelar
-1
0
1
2
3
4
5
6
Los símbolos muestran la luminosidad estelar desde la Tierra (magnitud aparente) y no su luminosidad real (magnitud absoluta)
Clave: Galaxia Nebulosa Cúmulo abierto Cúmulo globular Nebulosa planetaria Estrella doble

DE CORVUS A DORADO

Corvus
(el Cuervo)
Este grupo tan característico formado por cuatro estrellas principales se encuentra en una región del cielo bastante despoblada, por lo que resulta relativamente fácil de encontrar.

Crater
(la Copa)
El conjunto principal de estrellas en esta constelación es parecido a Corvus, aunque más débil.

Antlia
(la Bomba Neumática)
Grupo de estrellas tenues muy difícil de hallar.

Vela
(las Velas)
La silueta de Vela está definida por estrellas brillantes. Si miras a Vela con prismáticos, verás muchas estrellas menores.

La Falsa Cruz está formada por Iota y Epsilon Carinae, Kappa y Delta Velorum.

Chameleon
(el Camaleón)
La constelación Chameleon está formada por cuatro estrellas tenues y es difícil de encontrar a la primera, como si fuera un camaleón camuflado de verdad.

Volans
(el Pez Volador)
Este grupo de estrellas tan peculiar está incluido en parte en la constelación de Carina.

Sextans
(el Sextante)
Pequeño grupo de estrellas tenues entre Leo (ver página 63) e Hydra.

Hydra
(la Serpiente de Mar)
Es la mayor y más alargada constelación del cielo, y consiste principalmente en una extensa línea de estrellas poco brillantes. La cabeza está formada por un grupo de estrellas llamativas.

La única estrella brillante en esta constelación es Alfard, que se conoce como la "solitaria" porque no existe ninguna otra estrella brillante próxima a ella.

Pyxis
(la Brújula)
Esta constelación consiste únicamente en tres estrellas principales entre Vela y Puppis.

Puppis
(la Popa)
Con la ayuda de prismáticos se pueden ver muchas estrellas y cúmulos abiertos en esta región.

Carina
(la Quilla)
Carina tiene en uno de los extremos a Canopus, que se encuentra a una distancia de 1.200 años luz y es la segunda estrella más brillante del firmamento. Forman la Falsa Cruz junto a Epsilon e Iota Carinae, dos estrellas de la constelación de Vela.

Pictor
(el Caballete)
Varias fotografías de la estrella Beta Pictoris muestran un círculo de materia a su alrededor. Muchos astrónomos creen que se trata de evidencia de la formación de planetas, aunque no se ha encontrado ninguno.

Dorado
(la Dorada)
En Dorado se encuentra la galaxia irregular Gran Nube de Magallanes, que sólo es visible desde el hemisferio sur y tiene la apariencia de una mancha brumosa.

En 1987 se pudo observar una famosa supernova en la Gran Nube de Magallanes, la más brillante y cercana a la Tierra desde 1604.

La Gran Nube de Magallanes posee una nebulosa brillante, conocida como la Tarántula.

Argo Navis
(el Navío de Argos)
En la antigüedad, las constelaciones de Vela, Puppis y Carina formaban parte de una enorme constelación llamada Argo Navis. El astrónomo Nicolas Lacaille las dividió en 1756. La Vía Láctea recorre todo Argo Navis, y culmina en nubes de estrellas brillantes próximas a la nebulosa Carinae (NGC 3372).

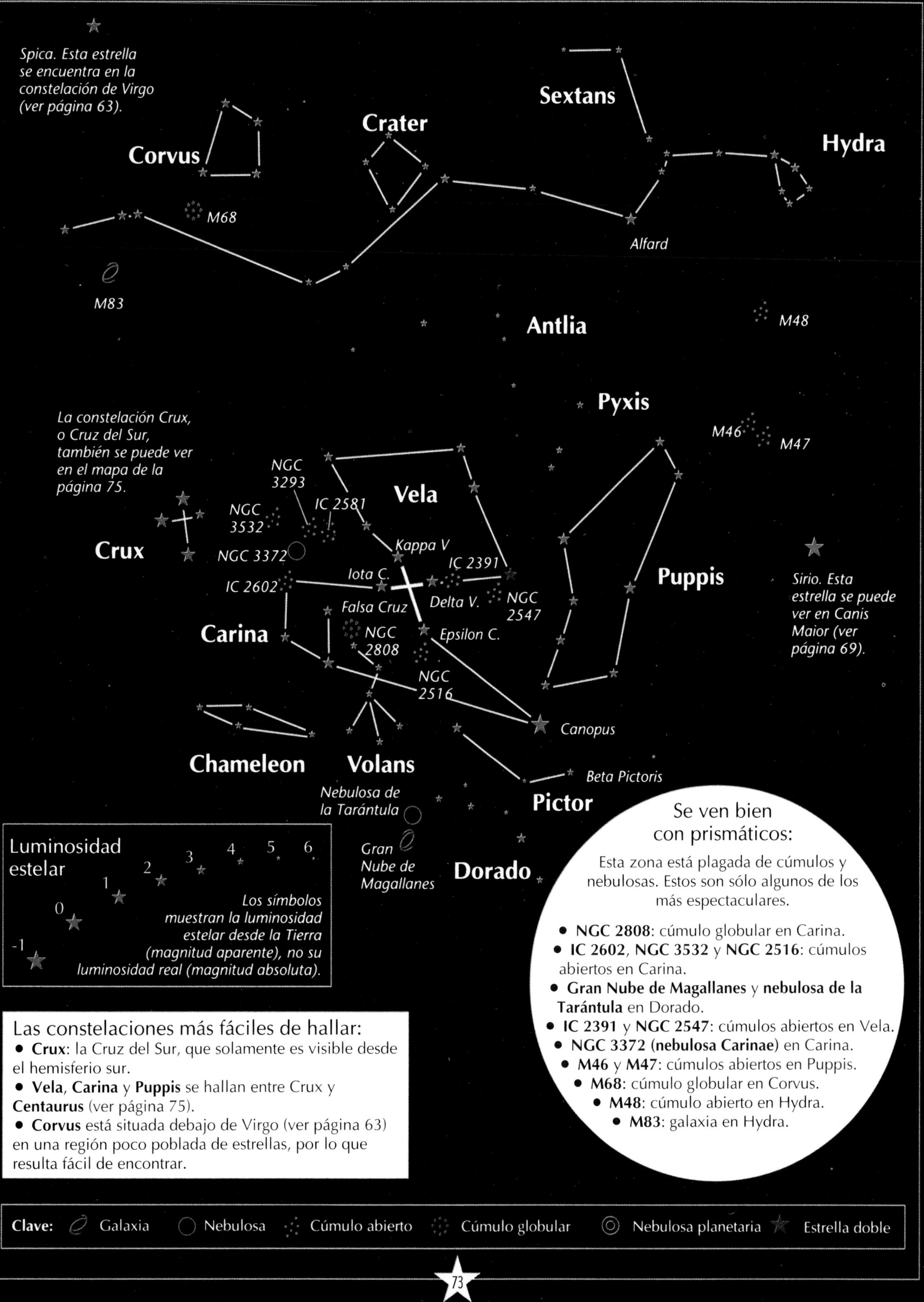

Se ven bien con prismáticos:

Esta zona está plagada de cúmulos y nebulosas. Estos son sólo algunos de los más espectaculares.

- **NGC 2808**: cúmulo globular en Carina.
- **IC 2602**, **NGC 3532** y **NGC 2516**: cúmulos abiertos en Carina.
- **Gran Nube de Magallanes** y **nebulosa de la Tarántula** en Dorado.
- **IC 2391** y **NGC 2547**: cúmulos abiertos en Vela.
- **NGC 3372 (nebulosa Carinae)** en Carina.
- **M46** y **M47**: cúmulos abiertos en Puppis.
- **M68**: cúmulo globular en Corvus.
- **M48**: cúmulo abierto en Hydra.
- **M83**: galaxia en Hydra.

Las constelaciones más fáciles de hallar:

- **Crux**: la Cruz del Sur, que solamente es visible desde el hemisferio sur.
- **Vela**, **Carina** y **Puppis** se hallan entre Crux y **Centaurus** (ver página 75).
- **Corvus** está situada debajo de Virgo (ver página 63) en una región poco poblada de estrellas, por lo que resulta fácil de encontrar.

DE SAGITTARIUS A CRUX

Sagittarius (el Arquero)

Sagittarius está plagada de estrellas brillantes y con frecuencia se la denomina la Tetera. Encima del "pitorro" se encuentra la nebulosa M8, donde se forman nuevas estrellas. También hay otras nebulosas visibles con prismáticos.

Corona Australis (la Corona Austral)

Las tenues estrellas de Corona Australis tienen forma de curva.

Telescopium (el Telescopio)

Grupo de estrellas poco brillantes próximas a la cola de la enorme constelación de Scorpius.

Ara (el Altar)

Puedes buscar esta constelación entre la luminosa Alfa Centauri (en Centaurus) y la cola de Scorpius.

Ara cuenta con el cúmulo globular más cercano a la Tierra, el NGC 6397, que se encuentra a 8.400 años luz.

Circinus (el Compás)

Constelación formada por tres estrellas tenues cerca de la luminosa Alfa Centauri, en Centaurus.

Triangulum Australe (el Triángulo Austral)

Constelación descubierta por el explorador italiano Américo Vespucio en 1503 (más conocido por determinar que América no formaba parte de Asia como creían los antiguos exploradores).

Apus (el Ave del Paraíso)

Grupo de estrellas tenues que no llaman particularmente la atención.

Musca (la Mosca)

Constelación poco brillante cerca de Crux, la Cruz del Sur.

Scorpius (el Escorpión)

Scorpius está compuesta principalmente por estrellas muy luminosas que forman un escorpión bastante convincente. Antares es una estrella roja muy brillante.

Con prismáticos verás un gran número de cúmulos abiertos y globulares poco brillantes.

Libra (la Balanza)

La región principal de Libra está formada por cuatro estrellas tenues.

Alfa Librae es una estrella doble y Beta Librae es la única estrella que, a simple vista, parece de color verde.

Lupus (el Lobo)

Lupus está formada por un conjunto característico de estrellas brillantes entre Alfa Centauri y Antares, en la constelación de Scorpius.

Norma (la Regla)

Se trata de un grupo de estrellas muy tenues. La zona, sin embargo, está repleta de cúmulos de estrellas, dado que Norma está situada en la parte más poblada de la Vía Láctea.

Centaurus (el Centauro)

Un centauro es una criatura mitológica mitad hombre y mitad caballo.

Alfa Centauri es la tercera estrella más brillante del cielo y, después del Sol, la segunda más cercana a la Tierra, a una distancia de 4,3 años luz. Tan sólo es visible en el hemisferio sur.

La estrella tenue Proxima Centauri (visible con telescopio) es la compañera de Alfa Centauri, y es la estrella más cercana a nosotros, a una distancia de 4,25 años luz.

Omega Centauri es el cúmulo globular más claramente visible de noche, posee alrededor de un millón de estrellas, y es uno de los cúmulos globulares más cercanos a la Tierra.

Crux (la Cruz del Sur)

Es quizá la constelación más conocida del hemisferio sur.

Alfa y Gamma Crucis señalan hacia el polo sur celeste (justo encima del polo sur de la Tierra).

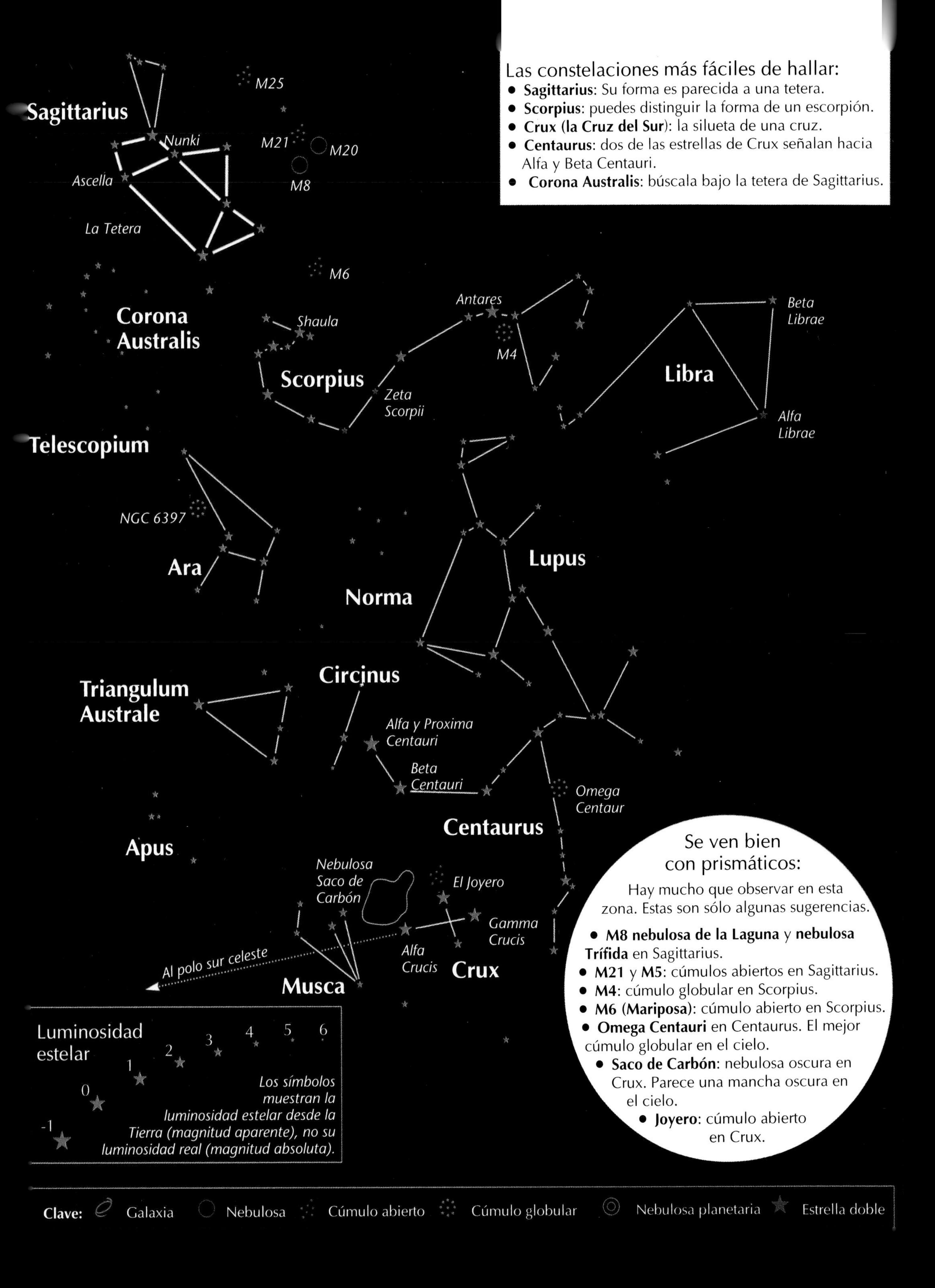
Las constelaciones más fáciles de hallar:
• Sagittarius: Su forma es parecida a una tetera.
• Scorpius: puedes distinguir la forma de un escorpión.
• Crux (la Cruz del Sur): la silueta de una cruz.
• Centaurus: dos de las estrellas de Crux señalan hacia Alfa y Beta Centauri.
• Corona Australis: búscala bajo la tetera de Sagittarius.
Sagittarius
M25
Nunki
M21
M20
Ascella
M8
La Tetera
M6
Corona Australis
Shaula
Antares
M4
Beta Librae
Scorpius
Libra
Zeta Scorpii
Alfa Librae
Telescopium
NGC 6397
Ara
Lupus
Norma
Circinus
Triangulum Australe
Alfa y Proxima Centauri
Beta Centauri
Omega Centaur
Centaurus
Apus
Nebulosa Saco de Carbón
El Joyero
Gamma Crucis
Alfa Crucis
Crux
Al polo sur celeste
Musca
Se ven bien con prismáticos:
Hay mucho que observar en esta zona. Estas son sólo algunas sugerencias.
• M8 nebulosa de la Laguna y nebulosa Trífida en Sagittarius.
• M21 y M5: cúmulos abiertos en Sagittarius.
• M4: cúmulo globular en Scorpius.
• M6 (Mariposa): cúmulo abierto en Scorpius.
• Omega Centauri en Centaurus. El mejor cúmulo globular en el cielo.
• Saco de Carbón: nebulosa oscura en Crux. Parece una mancha oscura en el cielo.
• Joyero: cúmulo abierto en Crux.
Luminosidad estelar
-1 0 1 2 3 4 5 6
Los símbolos muestran la luminosidad estelar desde la Tierra (magnitud aparente), no su luminosidad real (magnitud absoluta).
Clave: Galaxia Nebulosa Cúmulo abierto Cúmulo globular Nebulosa planetaria Estrella doble

EQUIPO

Si te interesa la astronomía y quieres observar las estrellas y los planetas, puedes empezar con unos prismáticos y otros materiales que te serán muy útiles. Aquí tienes varias sugerencias.

El diámetro de la lente es su longitud de lado a lado.

Mapas estelares

Los mapas estelares de las páginas 60-75 te servirán de ayuda para familiarizarte con las distintas constelaciones y para orientarte por el cielo nocturno.

Los mapas estelares te ayudarán a orientarte por el cielo nocturno.

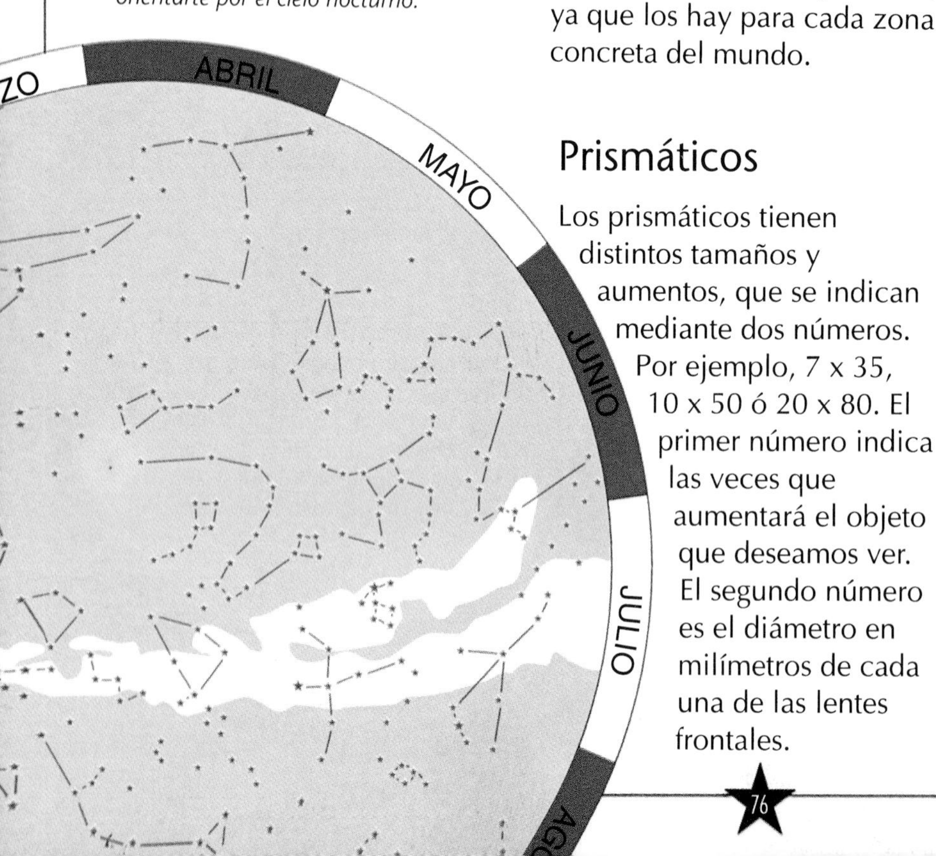

Planisferios

Los planisferios son mapas móviles que representan el firmamento. Los puedes hacer girar para localizar las estrellas que son visibles en un momento dado. Conviene comprobar que el planisferio corresponde a la parte del planeta en que vives, ya que los hay para cada zona concreta del mundo.

Prismáticos

Los prismáticos tienen distintos tamaños y aumentos, que se indican mediante dos números. Por ejemplo, 7 x 35, 10 x 50 ó 20 x 80. El primer número indica las veces que aumentará el objeto que deseamos ver. El segundo número es el diámetro en milímetros de cada una de las lentes frontales.

Uso de los prismáticos

Con unos prismáticos grandes y potentes podrás ver mucho más que con unos pequeños, pero recuerda que los prismáticos grandes pesan mucho y te resultará difícil sujetarlos sin que se muevan.

Por eso lo mejor es utilizar unos prismáticos con los que te encuentres cómodo. Prueba varios pares y elige unos que no sean demasiado pesados. Los tamaños más recomendables son 7 x 35 ó 10 x 50.

Si alguna vez usas prismáticos grandes o pesados, lo mejor es colocarlos en un trípode, para que no se muevan mientras observas el cielo.

Telescopios

Los buenos telescopios suelen ser muy caros y las versiones baratas no son aconsejables, ni suelen recomendarlas los astrónomos. Por el precio de un telescopio barato puedes comprar un buen par de prismáticos.

También puedes comprar un telescopio de segunda mano. Busca en los anuncios de revistas de astronomía y pide consejo a algún astrónomo o aficionado con experiencia antes de comprarlo.

¿Qué se ve?

Con prismáticos puedes ver una gran porción de cielo. Si utilizas un telescopio verás más detalles.

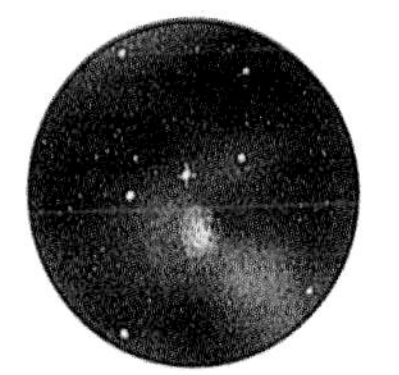

Estrellas a simple vista.

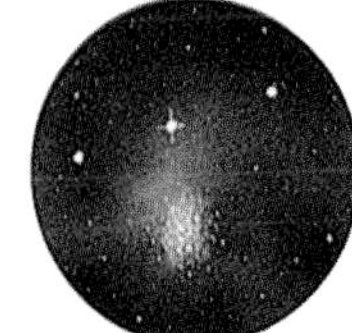

Las mismas estrellas vistas con prismáticos.

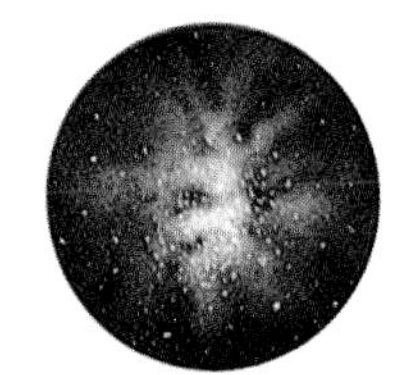

Las mismas estrellas vistas con un buen telescopio.

En la página 80 se describen varios tipos de telescopios. El que aparece en el dibujo inferior es un telescopio refractor, que tiene una lente para captar la luz.

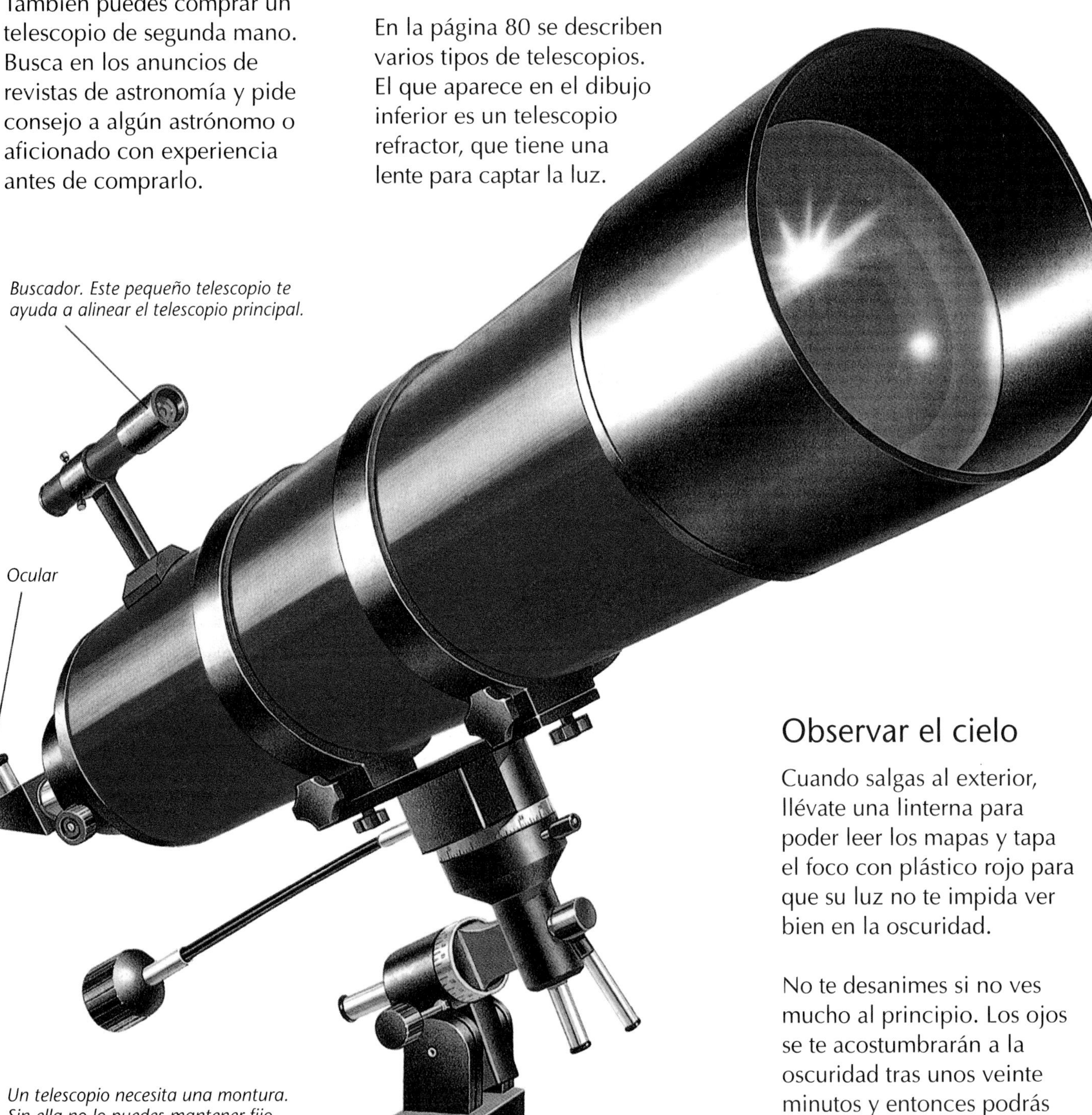

Buscador. Este pequeño telescopio te ayuda a alinear el telescopio principal.

Ocular

Un telescopio necesita una montura. Sin ella no lo puedes mantener fijo para ver con claridad.

Observar el cielo

Cuando salgas al exterior, llévate una linterna para poder leer los mapas y tapa el foco con plástico rojo para que su luz no te impida ver bien en la oscuridad.

No te desanimes si no ves mucho al principio. Los ojos se te acostumbrarán a la oscuridad tras unos veinte minutos y entonces podrás ver más estrellas.

FOTOS DEL CIELO

No es necesario que seas un experto en astronomía o en fotografía para tomar buenas fotos del cielo. Lo único que necesitas es la cámara y la película correctas, y varias ideas de lo que quieres fotografiar.

Fotografía del cometa Hale-Bopp, visible en 1997, tomada por un aficionado.

Qué buscar

Fíjate en las revistas de astronomía para saber qué buscar en cada momento del año. Así sabrás qué constelaciones son visibles y si va a haber acontecimientos especiales, como cometas o lluvias de meteoros.

También te ofrecen trucos para observar las estrellas y te darán una idea del material de astronomía nuevo y de segunda mano que existe. Los periódicos también te pondrán al día de los acontecimientos especiales.

La constelación de Orión. El Cinturón de Orión se ve con claridad: las tres estrellas del centro.

Equipo

★ Cámara. Debe ser una cámara réflex de lente única con un obturador que pueda quedarse abierto. Las puedes comprar de segunda mano, pregunta en una tienda de fotografía si tienen cámaras de este tipo que no sean caras.

★ Algo sobre lo que colocar tu cámara. Lo mejor es un trípode, pero si no quieres comprarte uno, también puedes colocarla sobre un muro bajo, en la capota de un coche o sobre una almohada.

★ Un cable para el disparador de tu cámara. Sirve para hacer la fotografía sin tener que tocar la cámara y así evitar la posibilidad de que se mueva. No son caros.

★ Un pedazo de cartón que cubra la lente de la cámara. El movimiento del disparador hace que la cámara se mueva ligeramente y podrías sacar fotografías borrosas. Puedes utilizar el cartón para evitarlo, tal y como se indica en la página siguiente.

★ Película. Necesitas película que registre objetos a grandes velocidades con poca luz, a la venta en tiendas de fotografía. Te servirán los carretes de película 400 ASA o superior.

★ Un reloj, que debe tener un segundero visible.

Cámara réflex de lente única

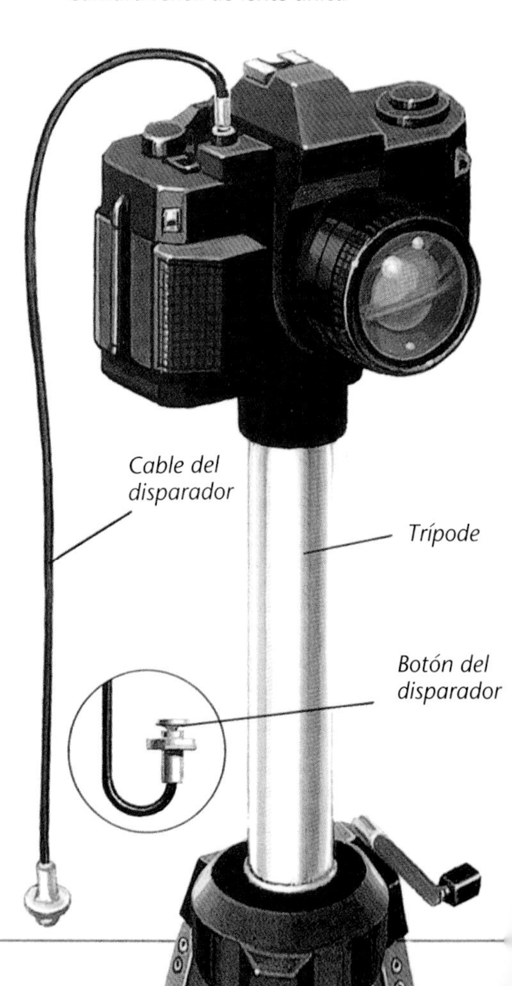

Cómo sacar las fotos

Las fotos te quedarán mucho mejor si las sacas desde un lugar oscuro, lejos del alumbrado de la calle. Esto es lo que debes hacer:

1. Coloca la cámara en un lugar estable, un trípode o un muro bajo, por ejemplo, y dirígela hacia el objeto del cielo que quieres fotografiar. Coloca el anillo del enfoque de distancia en infinito. Abre la lente al máximo, hasta la F más pequeña.

2. Una vez preparada la cámara, déjala en su sitio durante una media hora, para que se adapte a la temperatura y condiciones ambientales del exterior. En caso de que se hubiera producido condensación en la lente, daría tiempo a que desapareciera.

3. Coloca el cartón delante de la lente, aprieta el botón del cable disparador y continúa apretando unos segundos. Retira el cartón con el botón del cable disparador todavía apretado.

4. Cuenta despacio hasta 20, o deja pasar 20 segundos mirando el segundero de tu reloj. Suelta el botón y espera hasta que oigas un "clic". Quita el cartón de delante de la lente y avanza la película. La cámara está lista para sacar la siguiente fotografía.

Coloca el anillo del enfoque de distancia en infinito.

Abre la lente al máximo, hasta la F más pequeña.

Trucos

Cuando reveles la película, dile a la persona que te atienda que son fotografías de estrellas y que las revele todas. De lo contrario podría creer que los resultados son errores y que no vale la pena revelarlos.

Prueba con distintos tiempos de exposición para ver qué te da los mejores resultados.

Colas de estrellas

A veces parece que las estrellas se mueven durante la noche, esto se debe a que la Tierra gira. Para sacarlo en una foto, sigue las instrucciones anteriores, dejando el obturador abierto durante un mínimo de diez minutos.

Cuanto más tiempo dejes abierto el obturador, más largas se verán las colas de las estrellas.

Una fotografía como esta quedará estupenda con un objeto en primer plano: prueba con un edificio, un árbol, una colina a lo lejos o el horizonte.

Fotografía de las colas de las estrellas del Carro sacada por un aficionado (ver página 63).

A la busca de estrellas

Cuando salgas a observar las estrellas o a sacar fotos, asegúrate de llevar ropa cómoda y de abrigo.

Aún cuando hace buen tiempo, por las noches suele refrescar. Ponte varias prendas de abrigo y un buen gorro. Si vas a estar fuera más de una hora, lleva también algo para comer y alguna bebida caliente en un termo.

No salgas nunca solo de noche. Debes ir acompañado de algún familiar, amigos o socios del club de astronomía local.

Saturno y Júpiter en el cielo nocturno fotografiados por un aficionado.

TELESCOPIOS

Existen dos tipos de telescopios para observar las estrellas: los reflectores y los refractores.

Telescopio reflector

Un telescopio reflector utiliza un espejo para captar la luz. Suele ser más barato que un telescopio refractor de la misma potencia, pero es más delicado. De vez en cuando el espejo tiene que ser realineado y revestido de aluminio para que refleje adecuadamente.

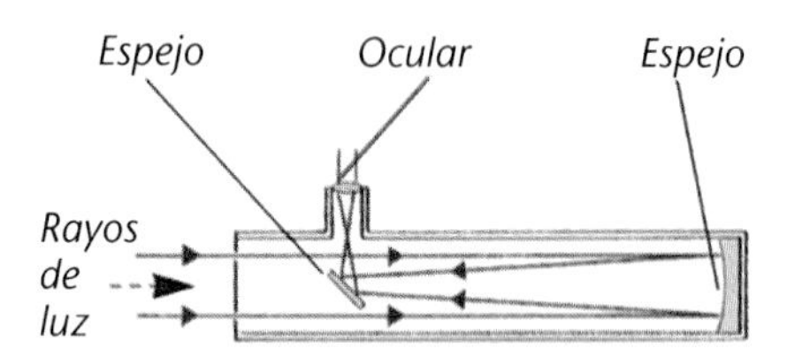

Trayectoria de los rayos de luz en un telescopio reflector.

Telescopio refractor

Un telescopio refractor utiliza una lente de vidrio para captar la luz. Puedes ver uno en la página 77 con sus accesorios.

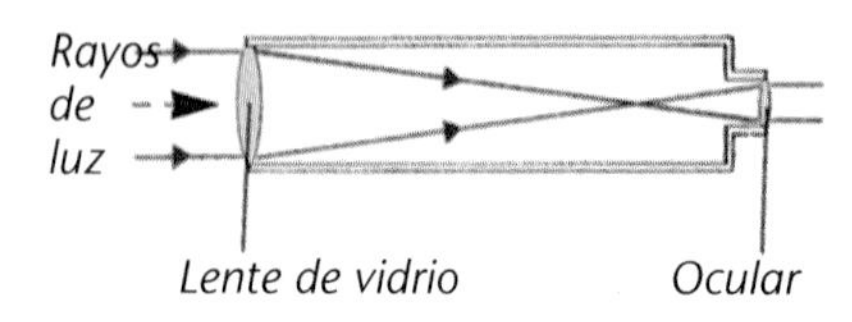

Trayectoria de los rayos de luz en un telescopio refractor.

Tamaños

La potencia de un telescopio se mide según el tamaño de su espejo o lente. Cuanto mayor es el espejo o lente, más luz capta el telescopio y mejor imagen se obtiene. No vale la pena comprar un telescopio reflector de menos de 100mm, o un telescopio refractor de menos de 75 mm, porque no reproducirán imágenes claras de estrellas lejanas.

Monturas

Necesitarás una plataforma o una montura para mantener el telescopio inmóvil. Muchos telescopios se venden ya con montura incluída. Existen dos tipos de monturas: altacimutal y ecuatorial.

La montura altacimutal te permite mover el telescopio de arriba a abajo (altitud) y de izquierda a derecha (acimut). Es más fácil de usar que la montura ecuatorial.

La montura ecuatorial está preparada para que puedas seguir la trayectoria curva de una estrella por el cielo con un sólo movimiento.

Accesorios

Puedes comprar varias piezas que se acoplan al telescopio.

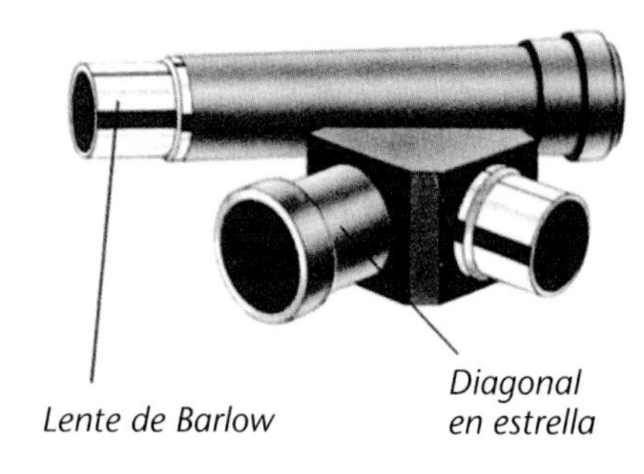

★ Lente de Barlow. Esta lente hace que la potencia de aumento de cualquier ocular sea dos o tres veces mayor.

★ Diagonal en estrella. Se trata de un espejo en forma de ángulo recto que se utiliza para observar estrellas muy elevadas sin tener que inclinarse mucho.

Telescopio reflector

DATOS CLAVE

Un astronauta explorando la Luna.

CONSTELACIONES FAMOSAS

Estas son algunas de las constelaciones más conocidas, con dibujos de lo que representan. Compara la forma de las constelaciones con la de los dibujos y verás que no se parecen demasiado y que fueron inspiradas por la imaginación.

Orión

La escena de la derecha está dominada por Orión, un gran cazador de la mitología griega. Armado con un garrote y un escudo de piel de león, se enfrenta con un toro embistiendo, Taurus. La parte más fácil de encontrar en Orión es la línea de tres estrellas que componen su cinturón. Justo debajo hay dos estrellas que representan su espada. Los dos fieles perros de caza de Orión, Canis Maior y Canis Minor, están detrás. A sus pies se encuentra Lepus, la Liebre, el animal que Orión prefiere cazar.

Aldebarán

TAURUS

Procyon

CANIS MINOR

Betelgeuse

ORIÓN

Rigel

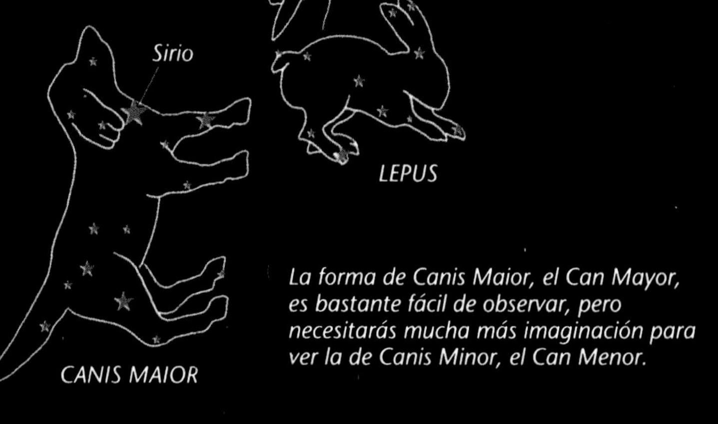

La forma de Canis Maior, el Can Mayor, es bastante fácil de observar, pero necesitarás mucha más imaginación para ver la de Canis Minor, el Can Menor.

PEGASO

Enif

ANDRÓMEDA

Algol

PERSEO

CASIOPEA

La historia de Perseo

Según los antiguos astrónomos griegos, las estrellas de la izquierda representan el mito de Perseo. Perseo mató a Medusa, una criatura tan horrorosa que quien la miraba se volvía de piedra. De camino a casa, se encontró a Andrómeda, la hija de Casiopea y Cefeo. Estaba encadenada a una roca y la Ballena (Cetus), el temido monstruo marino, iba a devorarla. Perseo mostró la cabeza de Medusa a Cetus, que se convirtió en piedra, y Andrómeda se salvó de una muerte segura.

Perseo tuvo la ingeniosa idea de utilizar un escudo para reflejar la imagen de Medusa y acabar con ella sin mirarla directamente. Perseo le cortó la cabeza y de su cuello surgió Pegaso, un caballo blanco y alado.

MAPA DE LA LUNA

El mapa de esta página muestra la cara de la Luna que vemos desde la Tierra. Esto es lo que ves cuando miras a la luna llena a simple vista o con prismáticos.

La mayoría de los telescopios astronómicos presentan los objetos al revés. Si utilizas un telescopio, pon el libro al revés para que el dibujo se parezca a lo que ves.

Observa la Luna en una noche despejada. ¿Cuántos de estos accidentes geográficos puedes encontrar?

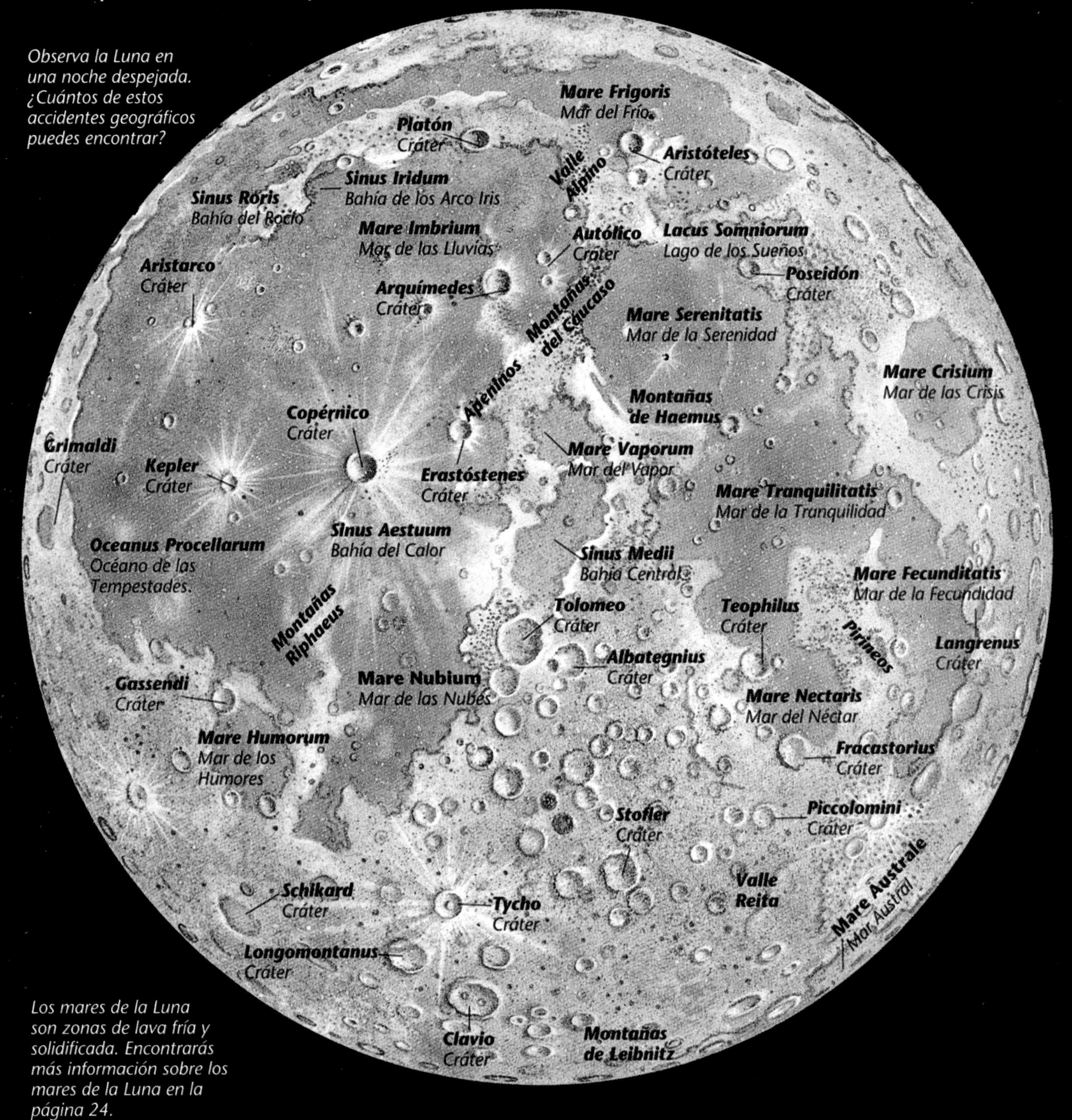

Los mares de la Luna son zonas de lava fría y solidificada. Encontrarás más información sobre los mares de la Luna en la página 24.

GUÍA RÁPIDA DE LAS ESTRELLAS

Los satélites y sondas espaciales nos dan a conocer nueva información sobre el espacio. Los datos que tenemos sobre el universo cambian constantemente.

En las tablas de las páginas 84-87 figuran datos sobre los cuerpos celestes más famosos y fáciles de ver : estrellas, nebulosas, galaxias, lluvias de meteoros y planetas.

Estrellas más luminosas

Clasificación de las estrellas según su magnitud aparente, es decir, su luminosidad desde la Tierra.

Nombre de la estrella	Constelación	Luminosidad (mag.)	Distancia desde la Tierra (en años luz)	Tipo espectral
Sirio	Canis Maior	-1,46	8,6	A
Canopus	Carina	-0,72	1.200	F
Alfa Centauri	Centaurus	-0,27	4,3	G
Arcturus	Bootes	-0,04	37	K
Vega	Lyra	0,03	25,3	A
Capella	Auriga	0,08	42	G
Rigel	Orión	0,1 (variable)	910	B
Procyon	Canis Minor	0,38	11,3	F
Achernar	Eridanus	0,5	85	B
Betelgeuse	Orión	0,5 (variable)	310	M
Beta Centauri	Centaurus	0,6 (variable)	460	B
Altaír	Aquila	0,77	16,8	A

Estrellas más próximas a la Tierra

Nombre de la estrella	Constelación	Luminosidad (mag.)	Distancia desde la Tierra (en años luz)	Tipo espectral
Proxima Centauri	Centaurus	11,1 (variable)	4,25	M
Alfa Centauri A	Centaurus	0	4,3	G
Beta Centauri B	Centaurus	1,4	4,3	K
Estrella de Barnard	Ophiuchus	9,5	6	M
Wolf 359	Leo	13,5 (variable)	7,6	M
Lalande 21185	Ursa Maior	7,5	8,1	M
UV Ceti A	Cetus	12,4 (variable)	8,4	M
UV Ceti B	Cetus	13,02 (variable)	8,4	M
Sirio A	Canis Maior	-1,46	8,6	A
Sirio B	Canis Maior	8,5	8,6	DA
Ross 154	Sagittarius	10,6	9,4	M
Ross 248	Andrómeda	12,3	10,3	M

Estrellas dobles

Nombre de la estrella	Constelación	Luminosidad (mag.)	Distancia desde la Tierra (en años luz)	Tipo de estrella
Alfa Capricorni	Capricornus	4,2; 3,6	1.600, 120	múltiple
Beta Capricorni	Capricornus	3,1; 6	250	doble física
Beta Cygni (Albireo)	Cygnus	3,1; 5,1	390	doble física
Nu Draconis	Draco	4,9; 4,9	120	doble física
Alfa Librae	Libra	2,8; 5,2	72	doble física
Épsilon Lyrae	Lyra	4,7; 5,1	120	doble doble
Zeta Lyrae	Lyra	4,4; 5,7	210	doble física
Theta Orionis (4 estrellas)	Orión	5,1; 6,7; 6,7; 8	1.300	múltiple
Theta Tauri	Taurus	3,4; 3,9	150	doble física
Zeta Ursae Majoris (Mizar y Alcor)	Ursa Maior	2,3; 4	60, 80	doble óptica

Estrellas variables

Nombre de la estrella	Constelación	Luminosidad (mag.)	Distancia desde la Tierra (en años luz)	Duración del ciclo	Tipo de estrella
Épsilon Aurigae	Auriga	3,3-4,1	4.564	27 años	binaria eclipsante
Alfa Cassiopeia	Cassiopeia	2.2-3,1	120	irregular	irregular
Gamma Cassiopeia	Cassiopeia	1,6-3	780	irregular	concha*
Delta Cephei	Cepheus	3,6-4,3	1.336	5 días 9 horas	variable pulsante
Mira	Cetus	2-10	94	331 días	variable de largo período
Eta Geminorum	Gemini	3,1-4	190	233 días	variable doble
Alfa Herculis	Hércules	3,1-3,9	218	semi-regular	doble
Beta Lyrae	Lyra	3,4-4,3	299	12 días 22 horas	binaria eclipsante
Beta Persei	Perseus	2,2-3,5	95	2 días 21 horas	binaria eclipsante
Betelgeuse	Orión	0,4-1,3	310	5 años 285 días	semirregular

* Una estrella concha gira a tal velocidad que resulta inestable y despide anillos de gas, lo que causa una variación de magnitud.

Cúmulos de estrellas

Número de catálogo	Constelación	Luminosidad (mag.)	Distancia desde la Tierra (en años luz)	Tipo de cúmulo
M44 / NGC 2632 (el Pesebre)	Cáncer	4	525	abierto
M41 / NGC 2287	Canis Maior	5	2.350	abierto
NGC 5139 (Omega)	Centaurus	4	17.000	globular
NGC 4755 (el Joyero)	Crux	5	7.700	abierto
M35 / NGC 2168	Gemini	5	2.200	abierto
M13 / NGC 6205	Hércules	6	21.000-25.000	globular
M45 (Pléyades)	Taurus	1,5	410	abierto
NGC 869 / 884 (cúmulo doble)	Perseus	4	7.000/8.150	abierto
M47 / NGC 2422	Puppis	6	1.540	abierto
NGC 104 (47Tuc)	Tucana	4	15.000-20.000	globular
M22 / NGC 6656	Sagittarius	5	9.600	globular
M7 / NGC 6475	Scorpius	3	800	abierto

CUERPOS CELESTES

Nebulosas

Número de catálogo	Constelación	Nombre de la nebulosa	Distancia desde la Tierra (en años luz)	Tipo de nebulosa
NGC 7293	Aquarius	Hélix	160-450	planetaria
Ninguno	Crux	Saco de Carbón	500-600	oscura
NGC 2070	Dorado	Tarántula	170.000	luminosa
M42	Orión	Gran Nebulosa	1.300-1.900	luminosa
M8	Sagittarius	Laguna	5.000	luminosa
M20	Sagittarius	Trífida	más de 5.000	luminosa
M17	Sagittarius	Omega	5.700	luminosa

Galaxias

Número de catálogo	Constelación	Galaxia	Distancia de la Tierra (años luz)	Tipo de galaxia
Ninguno	Dorado	Gran Nube de Magallanes	170.000	irregular
NGC 292	Tucana	Pequeña Nube de Magallanes	205.000	irregular
M31	Andrómeda	Gran Galaxia Espiral	2.900.000	espiral
M33	Triangulum	Molinete	2.400.000	espiral
M51	Canes Venatici	Remolino	35.000.000	espiral
M81	Ursa Maior	Ninguna	7.000.000-9.000.000	espiral
M82	Ursa Maior	Ninguna	7.000.000-9.000.000	irregular

Principales lluvias de estrellas anuales

Una lluvia de estrellas es un corto y espectacular despliegue de meteoros que se produce cuando la Tierra atraviesa la órbita de un cometa.

Fecha de visibilidad	Mejor visibilidad	Nombre	Cometa asociado	Constelación	Número por hora en apogeo
1-6 ene.	4 ene.	Cuadrántidas	-	Bootes	60
19-25 abr.	21 abr.	Líridas	Thatcher	Lyra	10
24 abr.-20 may.	5 may.	Acuáridas	Halley	Aquarius	35
25 jul.-20 ago.	12 ago.	Perseidas	Swift-Tuttle	Perseus	75
16-21 oct.	22 oct.	Oriónidas	Halley	Orión	25
20 oct.-30 nov.	3 nov.	Tauridas	Encke	Taurus	10
15-19 nov.	17 nov.	Leónidas	Tempel-Tuttle	Leo	variable
7-15 dic.	13 dic.	Gemínidas	Faetón (asteroide)	Gemini	75

Símbolos astronómicos

Los astrónomos utilizan símbolos especiales que representan la Luna, el Sol, los planetas y las constelaciones del Zodíaco.

☉	☽	☿	♀	⊕	♂	♃	♄	♅	♆	♇
El Sol	La Luna	Mercurio	Venus	La Tierra	Marte	Júpiter	Saturno	Urano	Neptuno	Plutón
♒	♓	♈	♉	♊	♋	♌	♍	♎	♏	♐	♑
Acuario	Piscis	Aries	Tauro	Géminis	Cáncer	Leo	Virgo	Libra	Escorpio	Sagitario	Capricornio

Guía rápida de los planetas

Nombre	Diámetro del planeta	Distancia media al Sol	Período de órbita alrededor del Sol	Período de rotación	Número de satélites
Mercurio	4.880 km	58 millones de km	88 días	59 días	Ninguno
Venus	12.100 km	108 millones de km	224,7 días	243 días	Ninguno
La Tierra	12.756 km	150 millones de km	365,3 días	23 horas 56 min.	1 (la Luna)
Marte	6.786 km	228 millones de km	687 días	24 horas 37 min.	2
Júpiter	139.822 km	778 millones de km	11,9 años	9 horas 50 min.	16
Saturno	116.464 km	1.427 millones de km	29,5 años	10 horas 14 min.	18
Urano	50.724 km	2.871 millones de km	84 años	17 horas 54 min.	15
Neptuno	49.528 km	4.500 millones de km	165 años	16 horas 6 min.	8
Plutón	2.274 km	5.913 millones de km	248 años	6 días 10 horas	1

Satélites planetarios

Planeta	Nombre del satélite (año de descubrimiento)			
La Tierra	Luna (-)			
Marte	Deimos (1877)	Fobos (1877)		
Júpiter	Adrastea (1979)	Almatea (1892)	Ananke (1951)	Calisto (1610)
	Carme (1938)	Elara (1905)	Europa (1610)	Ganimedes (1610)
	Himalia (1904)	Io (1610)	Leda (1974)	Lisitea (1938)
	Metis (1989)	Pasifae (1908)	Sínope (1914)	Tebe (1979)
Saturno	Atlas (1980)	Calipso (1980)	Dione (1684)	Dione B (1982)
	Encelado (1789)	Epimeteo (1980)	Hiperión (1848)	Jápeto (1671)
	Jano (1980)	Mimas (1789)	1980 S26 (1980)	1980 S27 (1980)
	1990 S18 (1990)	Phoebe (1898)	Rea (1672)	Telesto (1980)
	Tetis (1684)	Titano (1655)		
Urano	Ariel (1851)	Belinda (1986)	Bianca (1986)	Cordelia (1986)
	Cresida (1986)	Desdemona (1986)	Julieta (1986)	Miranda (1948)
	Oberón (1787)	Ofelia (1986)	Porcia (1986)	Puck (1986)
	Rosalinda (1986)	Titania (1787)	Umbriel (1851)	
Neptuno	Nereida (1949)	1989 N1 (1989)	1989 N2 (1989)	1989 N3 (1989)
	1989 N4 (1989)	1989 N5 (1989)	1989 N6 (1989)	Tritón (1846)
Plutón	Caronte (1978)			

Dónde buscarlos

Mercurio, Venus, Marte, Júpiter, Saturno y Urano se pueden ver a simple vista, aunque no siempre aparecen en el mismo sitio.

Las revistas de astronomía y los periódicos publican detalles de los cuerpos celestes visibles por la noche y de su localización.

UN POCO DE HISTORIA

En estas dos páginas se hace un rápido repaso a la historia de la astronomía, con las fechas de los descubrimientos más importantes y los nombres de quienes nos han ayudado a conocer mejor el espacio exterior.

3.100 a.C.* Los egipcios comienzan a utilizar calendarios, que se calculan según la posición de las estrellas, para saber cuándo plantar y recoger sus cosechas.

3.000 a.C. Los egipcios hacen los dibujos más antiguos que se conocen de las constelaciones.

2.446 a.C. Los astrónomos chinos observan la alineación de cinco planetas (Mercurio, Venus, la Tierra, Marte y Júpiter), prueba de que tienen conocimiento del movimiento de los planetas en el espacio.

6.000 a.C.-100 d.C** Se estudia astronomía con gran detalle en Grecia y pasa a ser una de las ciencias que se enseña en las universidades griegas.

300 a.C.- 900 d.C. En Centroamérica los Mayas estudian con gran interés la astronomía. A partir de sus descubrimientos crean un calendario preciso, que posteriormente fue adoptado por los Aztecas.

150 d.C. El astrónomo griego Claudio Tolomeo publica el sistema tolomeico, según el cual la Tierra está situada en el centro del universo, y el Sol y todos los planetas giran a su alrededor. Durante los 1.400 años siguientes, los astrónomos aceptan su teoría.

Claudio Tolomeo

** Los años anteriores al nacimiento de Jesucristo van acompañados de a. C (antes de Cristo). Cuanto mayor es la cifra, más años hace que sucedió.*
*** Los años posteriores al nacimiento de Jesucristo van seguidos de d. C (después de Cristo).*

200-1000 Se abandona el estudio de la astronomía en Europa debido a las guerras y a la escasez de alimentos. La ciencia y el estudio son menos importantes para las personas que la supervivencia. Los astrónomos de la actualidad llaman a esta época "los siglos perdidos".

1006 Los astrónomos chinos observan la supernova Lupus, que durante dos meses brilló casi tanto como el cuarto creciente de la Luna. Es la supernova más brillante que se ha conocido y fue visible incluso en pleno día durante algún tiempo.

En torno al año 1.000 La astronomía renace en Arabia y se vuelve a estudiar en la universidad de Bagdad.

1030 El astrónomo Al-Sufi, de la escuela de astronomía de Bagdad, escribe el mejor catálogo de las estrellas, entre los muchos que aparecen por esa época.

1054 Los chinos observan la supernova Taurus. Los restos de la misma todavía pueden verse en la actualidad en la nebulosa del Cangrejo.

1420 Ulegh Beg construye el observatorio de Samarkanda en Asia Central.

1543 Copérnico publica *De Revolutionibus Orbium Caelestium* (Sobre la Revolución de las Esferas Celestes), un libro polémico que sugería que el Sol era el centro del sistema solar.

1572 Dinamarca. Tycho Brahe observa una supernova.

1604 El astrónomo alemán Johannes Kepler observa la "Nova de Kepler" en nuestra galaxia.

1608 Hans Lippershey inventa un sencillo telescopio refractor en Holanda.

1609 El astrónomo italiano Galileo Galilei construye un telescopio mejor que el de Lippershey con el que comienza la observación de las estrellas y los planetas.

Uno de los primeros telescopios

1668 Inglaterra. Isaac Newton construye el primer telescopio reflector.

1687 Inglaterra. Newton publica el libro *Principia*, en el que demuestra que la Tierra y los demás planetas giran alrededor del Sol.

1758 Inglaterra. Regreso de un cometa tal y como había predicho el científico británico Edmund Halley en 1705. Se le llama cometa Halley en su honor.

1781 Francia. El buscador de cometas Charles Messier publica un catálogo de nebulosas, galaxias y cúmulos de estrellas.

1781 Inglaterra. William Herschel descubre Urano.

1801 Italia. Giuseppe Piazzi descubre el primer asteroide.

1845 Irlanda. Lord Rosse construye el mayor y más potente telescopio reflector hasta la fecha: Leviatán, que utiliza un espejo de 1,93 metros. Con él los astrónomos descubren las galaxias espirales.

1846 Francia. Johann Gottfried Galle y Heinrich Louis D'Arrest descubren Neptuno.

1877 Inglaterra. Asaph Hall descubre las dos lunas de Marte: Fobos y Deimos.

Italia. Giovanni Schiaparelli observa por primera vez los "canales" de Marte.

1910 Reaparición del Cometa Halley. También se observa el Gran Cometa de Día, llamado así por ser muy luminoso y visible en pleno día.

1915-1917 A partir de su teoría especial de la relatividad, el científico alemán Albert Einstein desarrolla la teoría general de la relatividad, revolucionando la forma en que los científicos estudian el espacio, la gravedad, el tiempo y la física.

1927 Bélgica. Georges Lemaître propone la teoría del Big Bang, según la cual el universo se formó a partir de una enorme explosión.

1930 EE.UU. Clyde Tombaugh descubre Plutón.

1937 EE.UU. Groter Reber inventa el primer radiotelescopio.

1946 EE.UU. Edwin Hubble colabora en la construcción del Hale, el mayor telescopio reflector hasta la fecha, con un espejo de 5,08 m.

1948 Inglaterra. Los científicos Hermann Bondi y Thomas Gold ponen en duda la teoría del Big Bang con la teoría del estado fijo, y proclaman que el universo no cambiará nunca.

1957 Unión Soviética. Lanzamiento el 4 de octubre del primer satélite artificial, el Sputnik 1. El Sputnik 2 fue lanzado al espacio el 3 de noviembre con la perra Laika a bordo.

1959 La Unión Soviética envía las primeras sondas espaciales a la Luna.

1961 Unión Soviética. El 12 de abril Yuri Gagarin se convierte en el primer hombre que viaja al espacio. El viaje duró menos de dos horas.

Sputnik 1

1963 Unión Soviética. El 16 de junio Valentina Tereshkova es la primera mujer que viaja al espacio, en un vuelo de casi tres horas de duración.

1965 EE.UU. Arno Penzias y Robert Wilson detectan señales débiles, parecidas a las ondas radiofónicas, procedentes del espacio. Se cree que son prueba de que el Big Bang sucedió realmente.

1965 La sonda espacial estadounidense Mariner 4 saca las primeras fotografías de Marte.

1966 La sonda espacial soviética Luna 9 es la primera en alunizar.

1967 La Unión Soviética lanza la primera sonda espacial que realiza un descenso en Venus.

1968 EE.UU. efectúa el primer vuelo espacial tripulado alrededor de la Luna con la nave Apolo VIII.

1969 El 20 de julio, la misión espacial estadounidense Apolo XI coloca por primera vez a dos astronautas, Neil Armstrong y Buzz Aldrin, en la Luna. Neil Armstrong es el primero que pisa la superficie lunar.

EE.UU. Los astrónomos del observatorio Steward descubren el primer púlsar (en la nebulosa del Cangrejo).

1971 La sonda estadounidense Mariner 9 envía las primeras fotos de Marte tomadas de cerca.

1973 EE.UU. lanza Skylab, la primera estación espacial.

La nave estadounidense Pioneer 10 transmite las primeras fotos de Júpiter tomadas de cerca.

1974 La sonda estadounidense Mariner 10 transmite las primeras fotografías de las nubes de Venus y de la superficie de Mercurio.

1975 Las sondas soviéticas Venera 9 y Venera 10 transmiten las primeras fotografías de la superficie de Venus.

1976 Las sondas estadounidenses Viking 1 y Viking 2 aterrizan en Marte. Toman fotografías y muestras de la superficie marciana.

1977 Descubrimiento del asteroide Quirón por parte del astrónomo norteamericano Charles Kowal. Descubrimiento de los anillos de Urano.

1979 Se confirma la existencia de Caronte, satélite de Plutón.

Las sondas norteamericanas Voyager 1 y Voyager 2 pasan cerca de Júpiter y transmiten fotografías detalladas.

1980 La sonda norteamericana Voyager 2 pasa por Saturno y transmite fotografías detalladas del planeta.

1981 El 12 de abril EE.UU. lanza el STS1, el primer vuelo espacial de un transbordador.

1986 La sonda norteamericana Voyager 2 pasa por Urano y transmite fotografías detalladas del planeta.

Lanzamiento de la estación espacial soviética Mir.

El transbordador espacial norteamericano Challenger explota (en pleno lanzamiento) y causa la muerte de siete astronautas.

1987 Se observa una supernova en la Gran Nube de Magallanes. Se trata de la supernova más luminosa de los últimos siglos.

1989 La sonda espacial Voyager 2 pasa por Neptuno y transmite fotografías detalladas del planeta.

1990 Lanzamiento del telescopio espacial Hubble desde Estados Unidos. Se descubre un fallo que impide la transmisión de imágenes detalladas desde zonas del espacio alejadas.

1991 Astronautas reparan desde el espacio el telescopio espacial Hubble.

1991 La sonda espacial norteamericana Galileo saca fotografías de cerca del asteroide Gaspra. Son las primeras fotografías de este tipo tomadas de un asteroide.

Reparación del telescopio espacial Hubble

1995 Descubrimiento del Cometa Hale-Bopp. Los astrónomos predicen su luminosidad máxima para 1997.

1997 El cometa Hale-Bopp es el cometa más luminoso desde 1911.

El Pathfinder estadounidense llega a Marte y transmite información detallada sobre el suelo, las rocas y la metereología del planeta.

En octubre EE.UU. lanza la misión Cassini a Saturno.

PREGUNTAS Y RESPUESTAS

P
Muchos científicos piensan que el universo se formó a causa de una enorme explosión, el Big Bang. ¿Qué había antes?

R
Según los científicos, antes del Big Bang no había nada. Incluso el tiempo empezó con el Big Bang.

P
¿Es verdad que se puede ver el pasado si miramos hacia el espacio?

R
Sí. Cuando miras atentamente hacia el espacio, lo que en realidad estás observando es la luz que salió de puntos lejanos hace muchísimos años. Cuanto más lejano se encuentra un objeto, más ha tardado la luz en llegar a ti y, por lo tanto, más lejos estás mirando hacia el pasado. Por ejemplo, vemos el Sol tal y como se encontraba hace ocho minutos, Alfa Centauri tal y como era hace cuatro años y la galaxia Andrómeda como era hace 2,9 millones de años. Los científicos opinan que la mayoría de los objetos distantes están tan alejados en el tiempo que proporcionan pistas sobre el comienzo del universo.

P
¿Qué tamaño tiene un agujero negro?

R
La verdad es que no se sabe con seguridad porque nadie ha visto ninguno. Los científicos opinan que el tamaño de los agujeros negros puede variar entre el de un pueblecito y el de un planeta del tamaño de Júpiter, o quizá mayor.

P
¿Se pueden ver otras galaxias desde la Tierra?

R
Sí. Con la ayuda de potentes telescopios se pueden ver miles de galaxias. Incluso a simple vista se pueden ver tres: la Gran Nube de Magallanes, la Pequeña Nube de Magallanes y M31, la galaxia Andrómeda (ver páginas 67 y 71).

P
¿Cuánto va a durar el Sol?

R
Los científicos calculan que el Sol debería durar entre 4.500 y 5.000 millones de años más.

P
¿Cuántas estrellas hay en el espacio?

R
Nadie lo sabe a ciencia cierta. La Vía Láctea tiene unos 100.000 millones de estrellas y en el universo hay millones de galaxias, cada una con tantos millones de estrellas como la Vía Láctea. Es poco probable que lleguemos a saber cuántas estrellas hay en el espacio.

P
¿Por qué titilan las estrellas?

R
La luz de una estrella se desvía y se dispersa en cuanto entra en contacto con la atmósfera de la Tierra. El ángulo con el que se desvía depende de la temperatura del aire. La luz atraviesa capas de aire frío y capas de aire caliente, por lo que brilla desde distintos puntos a la vez. De esta forma, parece que la estrella titila.

P
Si queremos saber hacia dónde se encuentra el polo Norte, nos podemos orientar con Polaris, la estrella del polo Norte. Sin embargo, en la antigüedad, Thuban era la estrella polar del norte. ¿Qué ha sucedido?

Luz de una estrella desviándose al atravesar la atmósfera terrestre.

R
La Tierra gira en ángulo, pero también se tambalea ligeramente a medida que gira, lo que significa que, en un período de miles de años, el ángulo en el que gira varía. El tambaleo hace que el polo Norte apunte hacia una dirección distinta de forma gradual y que, con el tiempo, también apunte hacia una estrella distinta.

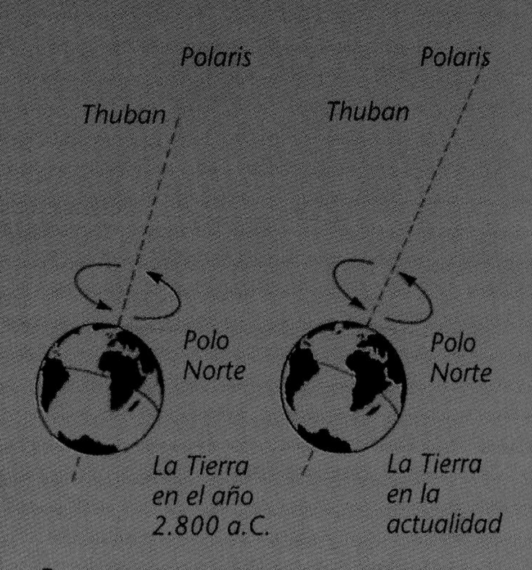

P
¿Podrían las naves espaciales "aterrizar" en todos los planetas del sistema solar?

R
No. Solamente en los planetas sólidos: Mercurio, Venus, la Tierra, Marte y Plutón. No sería posible en Júpiter, Saturno, Urano y Neptuno, los "gigantes de gas", por ser enormes bolas de gas y líquido, pero sí existen muchos satélites en los que las naves espaciales podrían posarse.

P
¿Qué aspecto tiene el cielo nocturno en la Luna?

R
La Luna no tiene atmósfera, por lo que el cielo siempre está despejado. Cuando brilla el Sol, lo hace con tanta fuerza que tapa todas las estrellas pero, cuando se pone, se pueden ver mucho mejor que desde la Tierra. También se puede ver la Tierra, que desde el espacio tiene la forma de una gran canica azul y blanca. Con prismáticos también podrías ver países, e incluso algunas ciudades. Al igual que la Luna, la Tierra también tiene fases.

P
¿Por qué Marte es de color rojo?

R
El suelo de Marte contiene una gran cantidad de hierro que se ha ido oxidando con los años. El hierro oxidado es de color rojo.

P
Hay gente que dice que existen los extraterrestres, ¿es cierto?

R
No se sabe si existen o no. Muchas personas afirman que los han visto, pero no hay pruebas. Los científicos opinan que existen muchas más estrellas en nuestra galaxia con sus planetas y, si hubiesen millones de galaxias en el universo, también podrían haber millones de planetas. En la actualidad, los expertos coinciden en que hay varias regiones en el sistema solar que contienen sustancias químicas que podrían permitir la vida. Tales sustancias se han encontrado en Marte y debajo de la superficie helada de Europa, uno de los satélites de Júpiter. Sin embargo, de momento no se ha encontrado vida extraterrestre en ningún planeta.

P
¿Cuántos asteroides hay en el sistema solar?

R
No se conoce el número exacto, pero lo que sí se sabe es que hay millares. Como hay tantos, no sólo en el Cinturón de Asteroides sino por todo el espacio, no parece muy probable que sea posible contarlos.

P
¿Ha sido alcanzado alguna persona por un meteorito caído a la Tierra?

R
Sí, pero no hay que preocuparse, porque no ocurre a menudo. A principios de la década de 1990, un meteorito alcanzó a un hombre que iba conduciendo por una autopista en Alemania. Y un pobre perro murió al recibir el impacto de otro meteorito a principios de la década de 1900.

P
¿Cuál es el mayor cometa que se ha visto?

R
El Gran Cometa de 1811 tenía una coma de más de 2 millones de kilómetros de ancho, más que el Sol. El Gran Cometa de 1843 tenía una cola de 330 millones de kilómetros de largo o, lo que es lo mismo, la distancia de Marte al Sol.

P
¿Se pueden observar satélites desde la Tierra?

R
Sí. Parecen estrellas en lento movimiento por el cielo. Algunos parecen parpadear lentamente, a diferencia de los aviones que lo hacen con bastante rapidez. Se puede ver un satélite en algún punto del cielo cada pocos minutos.

P
¿Cómo se llega a ser astronauta?

R
En primer lugar lo mejor es ser científico, por ejemplo químico, astrónomo o ingeniero. Necesitarás un título universitario y una especialización en una rama de la ciencia que esté relacionada con el espacio. También resulta útil saber pilotar un avión. Luego debes ponerte en contacto con la NASA y preguntar si te aceptarían como Candidato a Astronauta. Si te admiten, puede que tengas que prepararte durante cuatro o cinco años, y vivir en Estados Unidos. Al final, puede que tengas suerte y te seleccionen para una misión.

P
¿Es necesario ser científico para salir al espacio?

R
No, aunque la mayoría de los astronautas lo son y realizan todo tipo de investigaciones, por ejemplo, el efecto de los viajes espaciales sobre el cuerpo humano. Cada vez es más frecuente que personas sin título científico participen en las misiones espaciales, y se prevé que el turismo espacial empiece a principios del siglo XXI. Así, en teoría, cualquier persona que esté lo suficientemente en forma como para viajar por el espacio podrá darse una vuelta alrededor de la Tierra. Pero los viajes espaciales serán muy caros, o sea que no sólo tendrás que estar en forma... también deberás tener mucho dinero.

P
¿Por qué en las misiones espaciales siempre se "lanza" un cohete? ¿No podría despegar, como lo hace un avión?

R
Los motores a reacción necesitan mucho aire para funcionar. Como en los límites de la atmósfera hay poco oxígeno, no sirven para impulsar una nave espacial. La única alternativa en la actualidad son los cohetes, que al expulsar rápidamente muchísima energía por sus propulsores, elevan la nave espacial a gran velocidad. Se están buscando formas de crear motores a propulsión que funcionen en los límites de la atmósfera. Por el momento, las lanzaderas espaciales son las únicas naves que aterrizan como los aviones, pero aún hay que lanzarlas al espacio con un cohete.

Depósito de combustible
Cohete
Transbordador espacial
Lanzamiento de transbordador espacial
Aterrizaje de transbordador espacial

P
¿Cuánto tiempo tardaría un grupo de astronautas en llegar a Plutón?

R
Si los astronautas viajasen en una nave Apolo (del tipo de la que se posó sobre la Luna), tardarían unos 86 años en llegar a Plutón.

P
En las películas de ciencia-ficción se pueden transportar personas al instante, desmaterializándolas y haciéndolas aparecer en otro lugar. ¿Es eso posible?

R
No. Para poder transportar a una persona al instante de un lugar a otro tendríamos que separar todos sus átomos, enviarlos a velocidades increíbles por el espacio y reconstruirlos con la forma exacta que tenían al principio. Los átomos están en constante movimiento, por lo que sería casi imposible reconstruirlos en el orden correcto.

GLOSARIO

Este glosario explica el significado de las palabras más frecuentes en el campo de la astronomía y el espacio. Los términos en negrita están definidos bajo su entrada correspondiente.

agujero negro Región invisible del espacio con una enorme **gravedad**, formado a consecuencia del colapso de una **estrella supergigante**.

año Período de tiempo que tarda un **planeta** en dar una vuelta completa al **Sol**.

año luz Distancia que recorre un rayo de luz en un año: 9,46 billones de kilómetros.

asterismo Pequeño grupo de **estrellas** fácilmente reconocibles que forman parte, generalmente, de un grupo mayor, o **constelación**.

asteroide Objeto pequeño, parecido a una roca, en órbita alrededor del **Sol**. Existen miles en una región del **sistema solar** conocida como el Cinturón de Asteroides, entre Marte y Júpiter.

astronomía Ciencia que estudia el universo y los cuerpos que lo componen.

atmósfera Capa gaseosa que rodea a un planeta o a una estrella.

aurora Fenómeno luminoso producido en la **atmósfera** superior, cerca de los polos de un planeta, provocado por el **viento solar**.

Big Bang (teoría del) Teoría que explica el comienzo del **universo** a partir de una tremenda explosión.

cola Rayos de gases visibles que se desprenden de un **cometa** al pasar cerca del **Sol**.

coma Enorme nube de gas que envuelve el **núcleo** helado de un cometa.

cometa Pedazo de hielo sucio y oscuro, mezclado con polvo y arena que gira alrededor del **Sol** en una **órbita** ovalada.

constelación Conjunto de **estrellas** que forman un dibujo visible desde la Tierra. Existen 88 constelaciones.

corona Región externa de la **atmósfera** solar.

corteza Zona externa de un **planeta** o **luna**, generalmente compuesta de roca.

cráter Agujero en la superficie de un **planeta**, **luna** o **asteroide** causado por el impacto de un **meteorito** o un **asteroide**.

cúmulo Grupo de **estrellas** o **galaxias** cercanas entre sí.

día Período de tiempo que tarda un **planeta** en girar una vez sobre sí mismo.

eclipse Ocultación total o parcial de un objeto por otro en el espacio. Por ejemplo, cuando la **Luna** se sitúa delante del **Sol**, éste queda eclipsado.

ecuador Línea imaginaria que rodea un **planeta** por el centro y separa el hemisferio norte del **hemisferio** sur.

enana blanca Tipo de **estrella** mucho más pequeña y densa que el **Sol** y que desprende una luz blanquecina débil.

estación espacial **Satélite** sin tripulación de grandes dimensiones utilizado como base en la exploración del espacio durante un período largo de tiempo.

estrella Bola de gases en constante explosión que desprende luz y calor. El **Sol** es una estrella.

estrella binaria Dos estrellas que giran una alrededor de otra, ligadas entre ellas por sus respectivas **gravedades**.

estrella de neutrones Pequeña estrella giratoria que resulta de la explosión de una **estrella supergigante**.

estrella doble física Otro nombre para una **estrella binaria**.

estrella doble óptica Dos **estrellas** que parecen estar muy juntas desde la Tierra debido a que están en la misma línea de visión, aunque en realidad no se encuentran unidas.

estrella enana **Estrella** de un tamaño menor que el **Sol**.

estrella fugaz Otro nombre para un **meteoro**.

estrella gigante **Estrella** mayor que el **Sol**.

estrella primaria La **estrella** más luminosa en una **variable eclipsante**.

estrella secundaria La **estrella** más débil en una **variable eclipsante**.

estrella supergigante Las **estrellas gigantes** más grandes. Sólo duran unos pocos millones de años.

estrella variable **Estrella** cuya luminosidad varía en general de forma previsible.

estrella variable eclipsante Tipo de **estrella binaria** en el que una de ellas pasa por delante de la otra produciendo una disminución temporal de la luminosidad.

estrella variable explosiva Un tipo de estrella binaria, en el que una de las estrellas adquiere materia de la otra y despide gran cantidad de luz.

fácula Nube de gases luminosos situada justo por encima de la superficie del Sol y que rodea una **mancha solar**.

fase Una de las etapas en un ciclo de cambios que se repite. Por ejemplo, el aspecto de la **Luna** tiene diversas fases a medida que ésta se desplaza cada mes en torno a la Tierra.

fusión nuclear Actividad en el interior de una **estrella**, donde pequeñas partículas de gas (átomos) se unen para formar átomos mayores. Este proceso produce enormes cantidades de luz y calor.

galaxia Conjunto de **estrellas**, **nebulosas**, **cúmulos de estrellas**, **cúmulos globulares** y otra **materia**. Existen millones de galaxias en el universo.

galaxia de la Vía Láctea **Galaxia** en la que se encuentra el **sistema solar**.

gigante de gas Tipo de planeta compuesto por gases y líquidos que envuelven un **núcleo** relativamente pequeño.

gigante roja Tipo de estrella con una temperatura baja y de tamaño mucho mayor que el **Sol**.

gravedad Fuerza de atracción que empuja un objeto menor hacia uno mayor. Por ejemplo, la gravedad de la Tierra atrae a la **Luna**.

hemisferio Mitad de un **planeta** o **luna**. La mitad superior es el hemisferio norte y la mitad inferior el hemisferio sur.

luna Cualquier objeto natural que gira en **órbita** alrededor de un **planeta**.

Luna Bola de roca que gira en **órbita** alrededor de la Tierra.

llamaradas solares Explosiones repentinas de energía que ocurren en una pequeña región de la superficie **solar**.

lluvia de meteoros Corto y espectacular despliegue de **meteoros**. Ocurre cuando la Tierra atraviesa la **órbita** de un **cometa**.

magnitud Luminosidad de una **estrella**.

mancha solar Mancha oscura que de vez en cuando se observa en el **Sol**.

materia Aquello de lo que están hechas todas las cosas.

meteoro **Meteoroide** que viaja a través de la **atmósfera** terrestre. A medida que cae hacia la Tierra se va quemando, lo que produce una franja de luz. También se denomina **estrella fugaz**.

meteorito **Meteoro** que llega a la superficie terrestre.

meteoroide Polvo o pequeños pedazos de roca que giran en **órbita** alrededor del **Sol**.

NASA Siglas de la Administración Nacional de Aeronáutica y el Espacio, que organiza la exploración del espacio en nombre del gobierno de EE.UU. Sus proyectos incluyen las misiones de transbordadores espaciales.

nave espacial Vehículo creado para viajar por el espacio.

nebulosa Enorme nube de polvo y gas donde se suelen formar las **estrellas**.

nebulosa planetaria Capas exteriores de una **estrella** en proceso de desaparición que son empujadas hacia el espacio. De lejos el envoltorio de gas luminoso alrededor de la estrella agonizante hace que parezca un **planeta**.

nova **Estrella** que repentinamente aumenta su luminosidad para después desaparecer. Es un tipo de **estrella variable explosiva**.

núcleo Parte central de un **planeta**, **luna** o **asteroide**, constituida por distintos materiales de las capas que lo rodean. También designa la parte central de una **galaxia** o la cabeza de un **cometa**.

órbita Trayectoria de un objeto al girar alrededor de otro. Por ejemplo, los **planetas** giran en órbita alrededor del **Sol**.

penumbra Zona de sombra débil producida por el eclipsamiento parcial de un objeto por otro.

planeta Cuerpo relativamente grande que gira alrededor de una **estrella**, aunque sin ser él mismo una. Se conocen nueve **planetas** en el **sistema solar**.

planisferio Mapa móvil circular de las **estrellas** que muestra el aspecto del cielo de noche en cualquier fecha y a cualquier hora.

polo Uno de los dos puntos de la superficie de un **planeta** que se encuentra a mayor distancia de su ecuador.

protuberancia Nube de gas que se desprende de la superficie del **Sol**.

púlsar **Estrella de neutrones** en rotación que despide **radiación**.

punteros Dos o más **estrellas** en una **constelación** que indican la dirección hacia otra constelación.

radar Método para encontrar la posición y velocidad de objetos lejanos mediante ondas de radio.

radiación Ondas de energía, calor o partículas que se desprenden de un objeto.

satélite Cualquier objeto en el espacio que gira en **órbita** alrededor de otro. Los satélites construidos por el hombre se lanzan al espacio para que giren en torno a un **planeta** o **luna**.

sistema múltiple Sistema de **estrellas** compuesto por dos o más estrellas.

sistema solar El **Sol** y los demás objetos que giran en torno a él.

Sol **Estrella** de tamaño medio que está situada en el centro del **sistema solar**.

solar Perteneciente al **Sol**, como las **llamaradas solares** o el **viento solar**.

sonda espacial **Nave espacial** sin tripulación que recoge información sobre los cuerpos celestes y la transmite a los científicos en la Tierra.

supernova Explosión de una **estrella supergigante** que genera enormes cantidades de luz, para después colapsarse y formar una **estrella de neutrones** o, si se trataba de una estrella enorme, un **agujero negro**.

tipo espectral Clase de **estrella** que, según sus características, se clasifica mediante las letras O, B, A, F, G, K y M.

transbordador espacial **Nave espacial** que transporta personas y materiales al espacio. Se lanza como un cohete, aterriza como un avión y se puede volver a utilizar.

umbra Región de sombra oscura causada por el eclipsamiento de un objeto por otro.

universo Término utilizado para describir todo lo que existe en el espacio, incluidas las **galaxias**, las **estrellas**, la **Vía Láctea** y el **sistema solar**.

variable pulsante **Estrella** que cambia de tamaño, temperatura y luminosidad.

viento solar Corriente constante de partículas invisibles emitidas por el **Sol**.

Vía Láctea Franja de luz muy extensa en forma de espiral. Está formada por los millones de **estrellas** tenues que componen nuestra **galaxia**.

ÍNDICE

Las constelaciones y los asterismos aparecen en negrita, las estrellas en cursiva.

Direcciones útiles

Agrupación Astronómica de Madrid (AAM)
C/. Argumosa, 39
28012 – Madrid
España
E-mail: aam@eucmos.sim.ucm.es

Sociedad Astronómica de España y América (SADEYA)
Avda. Diagonal 377, 2º
08008 – Barcelona
España

Instituto Astronómico y Físico del Espacio (IAFE)
Casilla de Correos 67
Sucursal 1428
Buenos Aires
Argentina

¡Atrévete con Internet!

Con tan sólo introducir la palabra que quieras buscar en Internet encontrarás muchísima información sobre el espacio. Por ejemplo, para buscar información sobre las estrellas, introduce la palabra **estrellas**.

También puedes utilizar Internet para saber qué asociaciones de astrónomos hay en tu región. Por ejemplo, prueba a introducir **asociaciones astronómicas** en un buscador.

La página de la NASA está en **http://www.nasa.gov**, y tiene enlaces con imágenes increíbles del espacio e información actualizada sobre la mayor organización mundial de exploración del espacio.

AstroRED, web de recursos astronómicos en castellano. Dispone de servicio de noticias, efemérides, manuales de observación y documentación de todo tipo. **http://www.astrored.org**

Originally published in English as *Usborne Book of Astronomy and Space*.

ISBN 0-439-35776-4

12 11 10 9 8 7 6 5 4 3 2 1 2 3 4 5 6 7/0
Printed in the U.S.A. 14
First Scholastic printing, January 2002